Research on the Governance Effect of
Mandatory Internal Control Audits
Based on the Three Basic Goals of Internal Control

# 强制性内部控制审计的治理效应研究

## 基于内部控制三大基本目标

丁 锐 著

东北财经大学出版社 大连
Dongbei University of Finance & Economics Press

**图书在版编目（CIP）数据**

强制性内部控制审计的治理效应研究：基于内部控制三大基本目标 / 丁锐著.
一大连：东北财经大学出版社，2024.10
ISBN 978-7-5654-5269-7

Ⅰ.强… Ⅱ.丁… Ⅲ.企业-内部审计-研究-中国 Ⅳ.F239.45

中国国家版本馆CIP数据核字（2024）第101703号

东北财经大学出版社出版发行

大连市黑石礁尖山街217号　邮政编码　116025

网　　　址：http://www.dufep.cn

读者信箱：dufep@dufe.edu.cn

大连永盛印业有限公司印刷

幅面尺寸：170mm×240mm　字数：196千字　印张：16.5
2024年10月第1版　　　　2024年10月第1次印刷
责任编辑：王天华　周　慧　责任校对：赵　楠
封面设计：原　皓　　　　版式设计：原　皓
定价：85.00元

# 前言

  与发达国家成熟资本市场相比，我国内部控制审计制度建设起步较晚。2012年，我国财政部联合证监会发布《关于2012年主板上市公司分类分批实施企业内部控制规范体系的通知》（以下简称《分类分批实施通知》），要求所有主板上市公司自2012年起分类分批开展内部控制体系建设。这标志着我国内部控制审计正式进入强制性实施阶段，为本书的研究提供了良好的准自然实验环境。

  尽管内部控制审计与财务报表审计一样是审计师的重要工作之一，但以往文献对审计治理效应的研究几乎都局限于财务报表审计，与内部控制审计的治理效应相关的研究非常有限。已有的有关内部控制审计经济后果的研究所使用的研究方法使得研究结果具有一定的内生性。同时，现有与强制性内部控制审计有关的文献研究视角较为单一，缺乏针对强制性内部控制审计如何促进内部控制目标实现的系统研究。综上，以往研究在研究方法和研究视角上的局限，使得本书的研究开展具有一定的理论和现实意义。

  内部控制旨在为企业经营的效果和效率、财务报告的可靠性和符合适用的法律法规等三大目标提供合理保证。《分类分批实施通知》要求企业聘请第三方审计机构对企业内部控制设计与运行的有效性进行审计，并出具内部控制审计报告，这会帮助企业识别内部控制问题并加以改进，促进企业建立健全有效的内部控制体系进而实现内部控制目标。本书从内部控制三大基本目标（经营目标、财务报告目标和合规目标）出发，构建了一个强制性内部控制审计的治理效应整合框架，以《分类分批实施通知》作为自然实验背景，采用多期DID的实证方法对强制性内部控制审计促进内部控制三个目标的治理效应进行研究。

基于委托代理理论、信息不对称理论、审计需求理论和声誉机制理论等理论，本书认为，强制性内部控制审计实现治理效应主要通过内部控制审计的鉴证、监督和信息三种功能的发挥，其结果体现在促进内部控制目标的实现。我国的内部控制监管制度经历了由诱致性变迁阶段（自愿性披露）到强制性变迁阶段（强制性披露）的过渡，来自监管方和资本市场的双重约束能够进一步促进内部控制审计治理效应的实现。强制性内部控制审计作为一项重要的市场监管制度，能够通过鉴证（缓解公司代理问题）、监督（提升公司内部控制设计及运行水平）、发送信号（降低信息不对称程度）等途径发挥治理效应，以促进内部控制三个目标的实现。

本书通过测试强制性内部控制审计与内部控制三大目标的关系来检验其治理效应，并根据已有文献以企业非效率投资、真实盈余管理和避税行为决策作为主要指标来衡量内部控制三大目标的实现。首先，本书以非效率投资衡量企业经营的效率和效果，考察强制性内部控制审计对内部控制经营目标的影响，并在进一步分析中以经营绩效作为经营目标实现水平的替代指标，以增强结论的稳健性。其次，本书以企业真实盈余管理衡量财务信息的可靠性，考察强制性内部控制审计对内部控制财务报告目标的影响。最后，考虑到遵循国家税收法规贯穿企业生产经营的方方面面，是实现合规目标的重要内容，因此本书以避税行为决策来衡量合法性和合规性，考察强制性内部控制审计对内部控制合规目标的影响，并在进一步分析中使用诉讼风险和企业违规作为合规目标实现水平的替代指标，以增强结论的稳健性。研究发现，强制性内部控制审计能够降低企业的非效率投资、真实盈余管理和避税水平，从而验证了强制性内部控制审计在企业经营、报告和合规等三个方面的治理效应。并且，更加完善的企业注册地的制度环境会加强上述治理效应。此外，企业信息透明度会加强强制性内部控制审计对非效率投资的治理效应，企业的代理成本会削弱强制性内部控制审计对真实盈余管理的治理效应，企业的融资约束会削弱强制性内部控制审计对避税行为的治理效应。

　　本书以我国 2012 年起推行的分类分批强制性内部控制审计的实践为自然实验背景，从内部控制三大基本目标出发，系统考察了强制性内部控制审计对企业的治理效应。本研究成果丰富了在中国资本市场的制度背景下研究强制性内部控制审计制度治理效应的相关文献，为我们进一步理解内部控制审计如何发挥治理效应提供了新的证据，并为政策制定部门进一步完善我国内部控制规范体系提供参考。

丁　锐

2024 年 10 月

# 目录

第一章　绪论　／ 1

    第一节　研究背景与问题提出／2

    第二节　研究意义／5

    第三节　主要概念界定／7

    第四节　研究思路与内容安排／14

    第五节　研究方法与技术路线／18

    第六节　创新点／21

第二章　文献综述　／ 24

    第一节　内部控制质量影响因素的相关研究／25

    第二节　内部控制质量经济后果的相关研究／28

    第三节　内部控制审计经济后果的相关研究／35

    第四节　企业非效率投资行为影响因素的相关研究／37

    第五节　企业盈余管理影响因素的相关研究／43

    第六节　企业避税行为影响因素的相关研究／47

    第七节　文献总结和评述／52

**第三章　理论基础、制度背景与框架构建　／ 54**

第一节　理论基础／55

第二节　国内外内部控制法规的发展历程／59

第三节　整体框架概述／63

本章小结／73

**第四章　强制性内部控制审计与企业非效率投资**
**——基于经营目标视角　／ 74**

第一节　理论分析与假设提出／76

第二节　研究设计／81

第三节　实证结果与分析／92

第四节　稳健性分析／98

第五节　进一步分析／114

本章小结／124

**第五章　强制性内部控制审计与企业真实盈余管理**
**——基于财务报告目标视角　／ 126**

第一节　理论分析与假设提出／128

第二节　研究设计／132

第三节　实证结果与分析／142

第四节　稳健性分析／147

第五节　进一步分析／164

本章小结／168

第六章　强制性内部控制审计与企业避税行为
　　　　——基于合规目标视角　／170

　　第一节　理论分析与假设提出／173

　　第二节　研究设计／177

　　第三节　实证结果与分析／186

　　第四节　稳健性分析／192

　　第五节　进一步分析／207

　　本章小结／213

第七章　研究结论及研究展望　／215

　　第一节　研究结论／216

　　第二节　政策建议／218

　　第三节　不足和展望／220

参考文献　／222

索引　／252

第一章

# 绪论

## 第一节 研究背景与问题提出

内部控制审计制度自执行以来就引发各界对其实施利弊的广泛讨论，争论的焦点在于对内部控制审计应当强制还是自愿，进一步来说，强制性要求上市公司执行内部控制审计的有效性如何。美国、法国和日本采用了较为相同的针对一部分上市公司的强制性内部控制审计的探索性政策，而其他国家如英国、加拿大则采用了完全自愿的内部控制审计。

为了促进企业建立、实施和评价内部控制，规范会计师事务所内部控制审计行为，根据国家有关法律法规和《企业内部控制基本规范》（财会〔2008〕7号），2010年4月15日，财政部等五部委联合发布了《企业内部控制配套指引》，要求上市公司对本公司内部控制的有效性进行自我评价，披露年度自我评价报告，并可聘请会计师事务所对内部控制的有效性进行审计，这标志着我国内部控制规范体系的建立。该规范体系自2011年1月起首先在境内外同时上市的公司实施，从2012年起扩大到上海证券交易所和深圳证券交易所主板上市公司实施。为稳步推进主板上市公司有效实施企业内部控制规范体系，确保内部控制体系建设落到实处、取得实效，防止出现"走过场"情况，2012年，我国财政部联合证监会发布《分类分批实施通知》。该通知要求所有主板上市公司都应当自2012年起分类分批开展内部控制体系建设，标志着我国内部控制审计正式进入强制性实施阶段，这为本书研究提供了良好的准自然实验环境。具体来说，我国内部控制体系建设分"三步走"：中央和地方国有控股上市公司于2012年全面实施企业内部控制规范体系；符合一定条件的（企业总市值于

2011年12月31日在50亿元以上，且2009—2011年的三年平均净利润在3 000万元以上）非国有控股主板上市公司于2013年实施；其他主板上市公司于2014年实施。

财政部组织专家小组发布的《2019年上市公司执行企业内部控制规范信息快报（第二期）》[①]，对截至2020年4月26日披露的上市公司内部控制评价报告和内部控制审计报告进行了分析汇总，具体如下。截至2020年4月26日，1 967家上市公司披露了内部控制评价报告，其中沪市主板、沪市科创板、深市主板、深市中小板和深市创业板分别有796家、37家、246家、437家和451家。在1 967家披露了内部控制评价报告的上市公司中，15家披露存在重大缺陷，11家存在重要缺陷，590家存在一般缺陷，存在内部控制缺陷的公司占比为31.31%。有关内部控制审计报告方面，截至2020年4月26日，有1 590家上市公司披露了内部控制审计报告，其中，沪市主板、深市主板、深市中小板和深市创业板分别有849家、241家、307家和193家。在1 590家披露了内部控制审计报告的上市公司中，1 569家为标准无保留意见，占比98.68%；11家为带强调事项段无保留意见，占比0.69%；9家为否定意见，占比0.57%；1家为保留意见，占比0.06%。

从如上披露情况来看，将近1/3的上市公司内部控制评价报告披露存在内部控制缺陷，相比之下，仅有不到2%的上市公司被出具了非标内部控制审计意见。同时，考虑到与《萨班斯–奥克斯利法案》（以下简称萨班斯法案）404条款"一刀切"的做法不一样，我国的强制性内部控制审计是分类分批展开的，且强制性内部控制审计制度尚不属于法律范畴，而是一种企业管理制度，因此无论从执行力还是

---

[①] 信息来源：中华人民共和国财政部，http://kjs.mof.gov.cn/diaochayanjiu/20200~/t20200429_3506660.htm。

约束力可能都不及萨班斯法案。

国际内部审计师协会（IIA）主席 Lerroy E·Bookal 和 Gramling 等（2004）认为，有效的公司治理需要具备四个重要条件，即董事会、高管层、内部审计师和外部审计师。相较于内部治理机制而言，包括审计师监督等在内的外部治理机制主要通过影响董事会监督、管理层决策等内部治理机制间接发挥治理效应。在强制性内部控制审计的背景下，注册会计师也会受到来自监管方的压力，受"深口袋"和"声誉机制"等的约束，其风险意识更强，会更深入、客观、全面地执行审计程序，并出具有一定威慑力和法律效力的内部控制审计报告（雷英等，2013；张国清和马威伟，2020）。国内有关内部控制审计的研究更多关注了其对审计延迟（张国清，2010）、资本成本（吴益兵，2012）、盈余管理（李英等，2016）等方面的影响。然而，这些研究绝大部分使用实验研究或仅利用 OLS 和面板固定效应模型进行回归的方法，这可能会使得研究结论不稳健。而国内有关强制性内部控制审计的研究证实了其有助于提升企业内部控制质量（张国清和马威伟，2020），抑制控股股东掏空（钟凯等，2014），促进企业创新并推动地方经济增长（王嘉鑫，2020；钟凯等，2016），但却会造成企业审计费用的上升（王永海和王嘉鑫，2017），并且不会对资本市场定价效率产生明显影响（方红星和楚有为，2019）。由此可见，已有的研究还缺乏从内部控制基本目标的系统的角度研究强制性内部控制审计的治理效应，并且需要对研究方法进行改进。

在这种现实和理论背景之下，强制性内部控制审计制度能否发挥政策威慑作用，敦促企业改进内部控制，从而对企业的相关决策行为产生治理效应是一个亟需检验的问题。鉴于这一问题对新常态下我国内部控制制度建设与完善和资本市场的健康发展具有重要的实际意义，本书期望以内部控制三大基本目标（经营目标、财务报告目标和合规目标）为切入点，分别将企业与这三大基本目标相关的行为（非效率投资、真实盈余管理和避税行为）作为研究对象，考察强制性内部控制审计制度实施发挥的治理效应，为该类研究提供新的经验证据。同时，如果强制性内部控制审计的实施确实可以发挥治理效应，那么哪些因素会影响该效应的发挥？这是本书在发现强制性内部控制治理效应后需要解决的问题。如此便可以使我们对强制性内部控制制度建设成果及未来发展方向有一个系统的认识。

## 第二节　研究意义

### 一、理论意义

其一，有助于拓展和丰富审计需求理论在外部审计治理上的应用，从理论上验证了内部控制审计对企业非效率投资、真实盈余管理和避税行为决策治理效应的发挥。以往有关审计治理效应的文献大多局限于财务报告审计，即在结果上保证财务报告的可靠性。然而，对有关在过程上保证财务报告可靠性的内部控制审计是如何发挥治理效应的研究却比较缺乏。由第三方注册会计师出具的内部控制审计报告可以帮助我们更客观地了解企业的内部控制和治理状况，并探究外部审计在其中扮演的治理效应。

其二，本书丰富了内部控制审计经济后果的研究并提供了更稳健的经验证据。国内已有研究强制性内部控制审计的经济后果的文献更多关注了其对审计延迟（张国清，2010）、资本成本（吴益兵，2012）、盈余管理（李英等，2016）等方面的影响，缺乏从基础内部控制理论的系统的视角对内部控制审计治理效应发挥进行研究的文献。本书从内部控制三大基本目标出发，构建了一个强制性内部控制审计制度对企业非效率投资、真实盈余管理和避税行为发挥治理效应的整合框架，为强制性内部控制审计经济后果的研究提供了一个新的视角。同时，现有相关研究绝大部分通过定义政策虚拟变量，利用OLS和面板固定效应模型进行回归的方法，或是将2012年以后全部公司"一刀切"划分到强制实施的范围内，这会使得研究结论具有内生性的问题。本书通过使用2012年强制性内部控制审计的实施作为自然实验的背景，采用双重差分的研究设计，有助于缓解内生性问题。

## 二、现实意义

其一，对于监管者而言，有助于提高监管效率和效果。本书的相关结论有助于监管层了解评价强制性内部控制审计的实施效果，为政策制定部门进一步完善我国内部控制规范体系，并在中小板和创业板市场推行内部控制审计制度提供政策参考。

其二，对于企业利益相关者而言，有助于其进行投资风险的评估。企业的利益相关者在很大程度上是利用审计师出具的审计报告来进行投资决策。经第三方审计的内部控制报告可以帮助企业利益相关者更好地解读和利用企业内部控制设计和运行的相关信息，做出合适的投资决策，促进资本市场有效运转。

其三，对于审计师而言，可以帮助其明确审计工作过程中的重点，提高审计质量，维护审计市场的健康运行。本书的结论显示强制性内部控制审计治理效应的发挥会受到地区制度环境、企业信息透明度、代理成本和融资约束的影响，审计师可以对这些影响因素保持更加谨慎的执业态度。

## 第三节　主要概念界定

### 一、强制性内部控制审计

本书中的内部控制审计，是指会计师事务所接受委托，对特定基准日被审计单位内部控制设计与运行的有效性进行审计。依据《企业内部控制基本规范》和《企业内部控制审计指引》（以下简称《审计指引》），我国的内部控制审计，是注册会计师针对被审计单位的内部控制实施合理保证的鉴证业务。对于内部控制审计的业务范围，《审计指引》第四条第二款规定，注册会计师应当对财务报告内部控制的有效性发表审计意见，并对内部控制审计过程中注意到的非财务报告内部控制的重大缺陷，在内部控制审计报告中增加"非财务报告内部控制重大缺陷描述段"予以披露。对于内部控制审计的时间范围界定，我国《审计指引》从程序上要求注册会计师在特定时间对内部控制进行了解和有限测试，而从结果上要求注册会计师针对特定时点的内部控制的有效性发表意见（刘明辉，2010）。根据《分类分批实施通知》的要求，我国主板上市公司应从2012年起全面实施企业内部控制规范体系的建设。本书中所指的强制性内部控制审计，是指根据《分类分批实施通知》的实施规定，企业被要求在披露年报的同时，披露董事会对内部控制的自我评价报告以及注册会计师出具的财务报告内部控制审计报告。在本书的研究中，我们使用《分类分批实施通知》这一自然实验来区分样本企业是否强制性实施内部控制审计。

## 二、审计治理效应

公司治理是一个多角度、多层次的概念，主流的定义有两种，分别是狭义的公司治理和广义的公司治理。狭义的公司治理是指所有者对经营者的一种监督与制衡机制，具体来说是由股东大会、董事会、监事会及管理层构成的公司内部治理机制，其目标是保证股东利益最大化，缓解委托代理冲突。广义的公司治理则是指通过一套正式或非正式的内部或外部的制度或机制来协调公司与各利益相关者（如股东、债权人、供应商、员工、政府、公众等）之间的利益关系，从而权衡各方利益的一种制度。因此，根据广义的公司治理概念，公司治理可以划分成内部治理和外部治理。公司内部治理则是狭义概念下的公司内部治理机制，而外部治理则是指包括法律制度、产品及要素市场的竞争、劳动力市场竞争、外部审计和媒体监督等，其目标是实现公司价值最大化。其中，外部审计又包括国家审计和民间审计，本书主要关注的是民间审计对公司内部控制目标的实现发挥的治理效应。

民间审计是指经财政部门批准并注册的注册会计师组成的会计师事务所实施的审计，又称为社会审计。民间审计的主体是注册会计师、审计师所组成的社会会计、社会审计组织，即会计师事务所和审计事务所，他们接受各类资源财产的所有人或主管人的委托，依法对被审计单位的财务报表和内部控制进行鉴证，并提供管理咨询等服务业务。民间审计的治理目标和公司治理目标一致，都是为了缓解代理冲突，实现企业价值最大化。本书所指的审计治理效应特指民间审计治理发挥的作用，包括使被审计单位的内部治理结构发生改变、内部控制质量提升、经营效率提高、代理成本降低和抑制企业不合规行为等。

## 三、非效率投资

投资是一个内涵丰富的概念，在不同的学科领域中有着不同的定义。新古典经济学理论认为，最优资本配置的状态是资本边际收益恰好等于资本边际成本，此时资本配置效率最高，也被称为"帕累托最优"。当一个资本市场无交易成本、无所得税、投资者完全理性、对投资决策具有同质预期以及信息完全对称时，任何资本收益率高于资本成本的投资都会增加企业的价值。然而，在真实的资本市场中，由于存在代理问题以及信息不对称等因素，使得企业偏离了最优配置状态，从而产生了非效率投资。具体来说，本书所指的企业的非效率投资行为有两种表现形式：其一，做出投资决策之前，投资者由于不了解公司的真实价值，会要求较高的资本回报。为了避免高成本的外部融资，管理层可能放弃项目计划，从而导致投资不足（Myers 和 Majluf，1984）。其二，管理层相比投资者，具有信息优势，这可能产生侵害投资者的代理问题。例如，公司管理层有强烈的愿望构建商业帝国、粗放式追求规模增长，由此带来投资过度问题（Jensen，1986）。

通过对相关文献进行梳理，我们发现大部分文献中对非效率投资的计算主要可以分成两类：投资敏感性法和合理投资规模法。Fazzari 等（1988）在研究企业财务约束水平对投资影响的时候，首次提出了投资现金流敏感性模型（FHP模型）。他们认为信息不对称导致公司外部融资成本高于内部融资成本，因而股利支付率指标就可以反映公司的信息不对称程度。根据股利支付率对样本进行分组估计，当股利支付率越低时，投资现金敏感性越高，发生过度投资的可能性越高（Jensen，1986）。Richardson（2006）在研究自由现金流的过度投资时，认为公司总投资支出应该包括资本保持支出和新增项目投资两部分。通过使用历史的投资规模和相关影响因素的数据进行回归，可以合理估计公司的预期投资水平，而模型中得出的残差即为非效率投资水平。其中，若残差大于 0，则表明企业出现了过度投资；反过来，如果残差小于 0，则说明企业投资不足。此后，Biddle 等（2009）对 Richardson 的模型做了改进，用营业收入增长率代替投资机会。

综上，本书所指的投资是企业为了扩大再生产而进行的资本投资支出，其等于投资活动的现金流中购置固定资产、无形资产及其他长期资产的现金与处置固定资产、无形资产和其他长期资产而收到的现金差额，并采用 Richardson 的模型回归残差的绝对值衡量企业的非效率投资水平。

## 四、真实盈余管理

对于盈余管理，学界有两大权威定义。一是美国会计学家 Scott（1997）的定义，其认为盈余管理是指"在 GAAP 允许的范围内，通过对会计政策的选择使经营者自身利益或企业市场价值达到最大化的行为"。二是美国会计学家凯瑟琳·雪珀（Katherine Schipper）的定义，其认为盈余管理实际上是企业管理人员通过有目的地控制对外财务报告过程，以获取某些私人利益的"披露管理"。Dechow 等（2010）在其综述文章中提出，高质量的盈余可以提供更多与特定决策制定者做出的特定决策相关的企业财务表现特征的信息。简单地说，更具有用性的财务报表信息就是更高质量的信息。

盈余管理主要有两种表现形式：一类是通过会计估计或会计政策变更等会计手段操纵盈余，常见的方法是减少计提坏账准备或者改变资产的折旧方法，由于这样的操作会影响到应计项目的数额，所以也被称为应计盈余管理；另一类是通过构建真实经济交易来操纵盈余的真实盈余管理，比如出售资产、缩小投资、削减研发支出、加速生产、折扣销售等。两种类型的盈余管理的区别在于，是否仅改变总盈余在各期的分配额而不影响整体盈余水平和现金流量。真实盈余管理由于操控企业的真实经营活动，会导致企业偏离最优的经营水平，更加不利于企业的长期发展。在早期，由于应计盈余管理只需要改变会计手段即可实现，操作成本低，对企业的负面影响相对更低，因此是管理层盈余操控的主要手段。然而，近年来投资者保护制度和各种法律法规制度的不断完善，使得管理层逐渐选择转向更加隐蔽的真实盈余管理。

学术界对于盈余管理的计算指标众多，目前计算应计盈余管理的主流方法基于操纵性应计模型，而真实盈余管理的计算则主要采用Roychowdhury（2006）的真实盈余管理模型。Healy（1985）在研究分红计划对会计决策的影响时，最早提出了使用操纵性应计模型衡量盈余管理。之后，Jones（1991）对其进行了改进，并提出经典的Jones模型。黄梅和夏新平（2009）使用中国数据，对七种应计盈余管理指标（基本Jones模型、修正的Jones模型、无形资产Jones模型、前瞻性修正的Jones模型、现金流量Jones模型、收益匹配Jones模型和非线性Jones模型）进行了验证，并发现按年度行业截面回归计算的修正Jones模型在模型设定和检验能力方面表现最佳。有关真实盈余管理的衡量，Roychowdhury（2006）认为，企业管理层可以通过生产、销售和费用三个环节进行真实盈余管理。因此，将公司使用异常生产成本衡量的生产操纵程度、使用异常经营活动现金流净额衡量的销售操纵程度和使用异常酌量性费用衡量的费用操纵程度三部分相加即为公司的真实盈余管理水平。本书采用Roychowdhury的模型计算企业真实盈余管理水平（REM）[1]。

---

[1] 在稳健性检验中，本书还考虑使用修正的Jones模型计算企业应计盈余管理水平（DA）。

### 五、企业避税

学术界对于避税没有一个统一的定义或计算指标，其原因在于如果我们将每家企业的税收筹划策略都视作一个连续函数，那么避税就意味着无限接近这个函数的最小值。然而在现实中，不同的税收筹划行为所能达到的最小值不尽相同。同样的，不同的人对于避税的风险接受水平也不一致，这就使得理论上难以确定一个划分企业是否避税的阈值。Hanlon 和 Heitzman（2010）认为，企业避税由两部分组成：合法的税收筹划行为（tax planning）和非法的逃税行为（tax evasion）。税收筹划是指企业通过投资或者一些税法允许范围内的经营活动，来降低税收负担的行为。逃税是指企业违反税收法律和相关规定逃避纳税义务的行为。

Hanlon 和 Heitzman（2010）对以往的相关文献中使用的避税指标进行梳理，并发现最常用的两类指标分别基于有效税率（*ETR*）和账税差异计算而得。具体如下：

第一类为有效税率类指标。企业需要在所得税申报表中报告应税收入，同时也要根据GAAP的要求，在财务报告中报告所得税费用、递延所得税资产和递延所得税费用。因此，从理论上讲，可以根据所得税申报表和财务报表来估计应税收入和税收支出，从而估计得出避税水平。然而，由于所得税申报表并不能公开获取，这使得目前绝大多数的避税指标的计算都使用来自财务报表的数据。有效税率类指标能够较好地衡量出企业的避税水平，原因在于，有三种途径会导致企业的有效税率和法定税率之间产生差异：其一，在某一会计期间，由于会计准则和税收法规在计算收益、费用或损失时的口径不同会造成税前会计利润与应纳税所得额之间存在永久性差异；其二，由于会计准则和税收法规在确认时间或计税基础上存在差异而导致的暂时性差异；其三，对于一些特定项目存在税收优惠政策。常用的有效税率类指标主要包括所得税费用除以税前利润计算得到的有效税率（*GAAP ETR*）和用现金支付的所得税除以税前利润计算得到的现金有效税率（*Cash ETR*）。为了避免年度税率的变动和亏损情况的干扰，Dyreng 等（2008）采用了一个长期的现金有效税率指标，其被定义为十年期现金有效税率的平均值。而在我国，由于国家对于特定企业、地区或行业等有着特殊的税收优惠政策，上市企业适用的名义税率不尽相同，这使得传统 *ETR* 指标无法考虑到税收优惠政策的影响。Tang 等（2017）通过将有效税率（*ETR*）除以考虑了税收优惠后的法定税率（*ATR*）得到的值（*METR*），控制了不同法定适用税率对指标计算的干扰。

第二类指标是账税差异类指标，其用来衡量基于财务报告得出的会计收益和应税收入之间的差异。由于应税收入并不能直接获得，所以首先需要使用当期所得税费用除以法定有效税率估计出应税收入，再将这部分应税收入从会计收益中扣除即可得到账税差异（*BTD*）。然而，账税差异会受到企业盈余管理、会计标准的差异和其他因素的影响（Graham 等，2012）。为了剔除盈余管理对避税的影响，Desai 和 Dharmapala（2006）通过在面板数据里加入企业固定效应来控制不随时间变化的企业层面的影响，并使用回归模型残差的平均值衡量企业避税水平。

综上，由于实证研究通常无法很好地区分合法的税收筹划行为和非法的逃税行为，本书借鉴 Dyreng 等（2008）的研究，将避税定义为广义上的所有可以降低企业税收负担的行为，并使用有效税率（*ETR*）来衡量企业的避税水平[1]。

---

① 在稳健性检验中，本书还使用考虑了税收优惠后的法定税率得到的值（*METR*）作为避税水平的替代指标。

## 第四节　研究思路与内容安排

### 一、研究思路

本书首先从我国内部控制制度建设的现实背景入手，就当前强制性内部控制审计实施效果提出相应的研究问题，明确本书主要涉及的概念内涵，然后依据文献回顾—机理分析—实证分析—研究结论及建议的逻辑逐层推进。

文献回顾部分，我们通过对国内外内部控制质量的影响因素及经济后果、内部控制审计的经济后果、企业非效率投资的影响因素、企业盈余管理的影响因素和企业避税行为的影响因素的相关研究进行梳理，分析现有研究的成果及不足，从而总结提炼得出本书在理论和现实方面的创新。

机理分析部分，本书首先对一些经典的基础理论进行回顾，然后结合前述的文献回顾和基础理论从内部控制三大基本目标的角度构建了一个强制性内部控制审计的治理效应总体框架，并做出总体性的概述和具体性的分析。

实证分析部分，本部分主要分为三个章节的实证分析，包括强制性内部控制审计与企业非效率投资的实证研究、强制性内部控制审计与企业真实盈余管理的实证研究以及强制性内部控制审计与企业避税行为的实证研究。在每章的实证分析中，我们首先根据理论分析提出具体研究假设，然后确定样本选择、对变量进行定义并构建实证模型进行分析，检验研究假设。

最后，我们根据前述实证分析的结果，总结本书研究结论，对其在政策制定、制度改革、管理实践等方面的应用进行讨论并提出建议，同时指明文章研究的不足以及对未来的研究展望。

## 二、内容安排

本书基于委托代理理论、信息不对称理论、审计需求理论和声誉机制理论的理论基础，利用我国强制性内部控制审计的实施作为自然实验研究背景，从内部控制三大基本目标角度出发，检验强制性内部控制审计的实施对公司发挥的治理效应，并进一步检验了制度环境、信息透明度、代理成本和融资约束对主效应的调节影响，从而加深我们对强制性内部控制审计作用的认识和理解。全文研究内容分为四大部分：第一部分，提出研究问题，包括本书的第一章；第二部分，文献回顾、制度背景及理论框架构建，包括本书的第二章和第三章；第三部分，提出假设与实证检验，包括本书的第四章、第五章和第六章；第四部分，研究结论和政策建议，包括本书的第七章。具体内容安排如下，并如图1-1所示。

（1）第一章：绪论。首先，说明本书研究的现实背景，简要回顾与内部控制质量和内部控制审计相关的理论背景，并提出本书的研究问题以及研究意义。其次，界定本书研究中涉及的主要概念。再次，对本书的主要研究思路和内容安排进行概述。最后，说明本书的研究方法、技术路线以及主要的创新点。

（2）第二章：文献综述。首先，针对本书的研究主题，围绕内部控制质量和内部控制审计经济后果进行文献回顾，其中有关内部控制质量的研究包括内部控制质量影响因素和内部控制质量经济后果两方面的研究；其次，分别针对企业非效率投资、盈余管理和避税行为影响因素三方面进行文献回顾；最后，从整体上对现有研究进行总结和评述。

理论背景 ----> 问题的提出 <---- 现实背景

主要概念界定；研究思路、内容、方法与创新

文献综述　　　　　理论基础　　　　　制度背景

内部控制质量影响因素的相关研究

内部控制质量经济后果的相关研究

内部控制审计经济后果的相关研究

企业非效率投资影响因素的相关研究

企业盈余管理影响因素的相关研究

企业避税行为影响因素的相关研究

委托代理理论

审计需求理论

信息不对称理论

声誉机制理论

国外内部控制法规的发展历程

国内内部控制法规的发展历程

强制性内部控制审计的治理效应整合框架

实证方法　　　　研究假设与实证检验

描述性统计
相关性分析
单变量检验
双重差分 DID
混合 OLS
固定效应 FE
安慰剂检验
……

强制性内部控制审计与企业非效率投资——基于经营目标视角

强制性内部控制审计与企业真实盈余管理——基于财务报告目标视角

强制性内部控制审计与企业避税行为——基于合规目标视角

研究结论

事务所层面建议　　　　监管部门层面建议　　　　上市公司层面建议

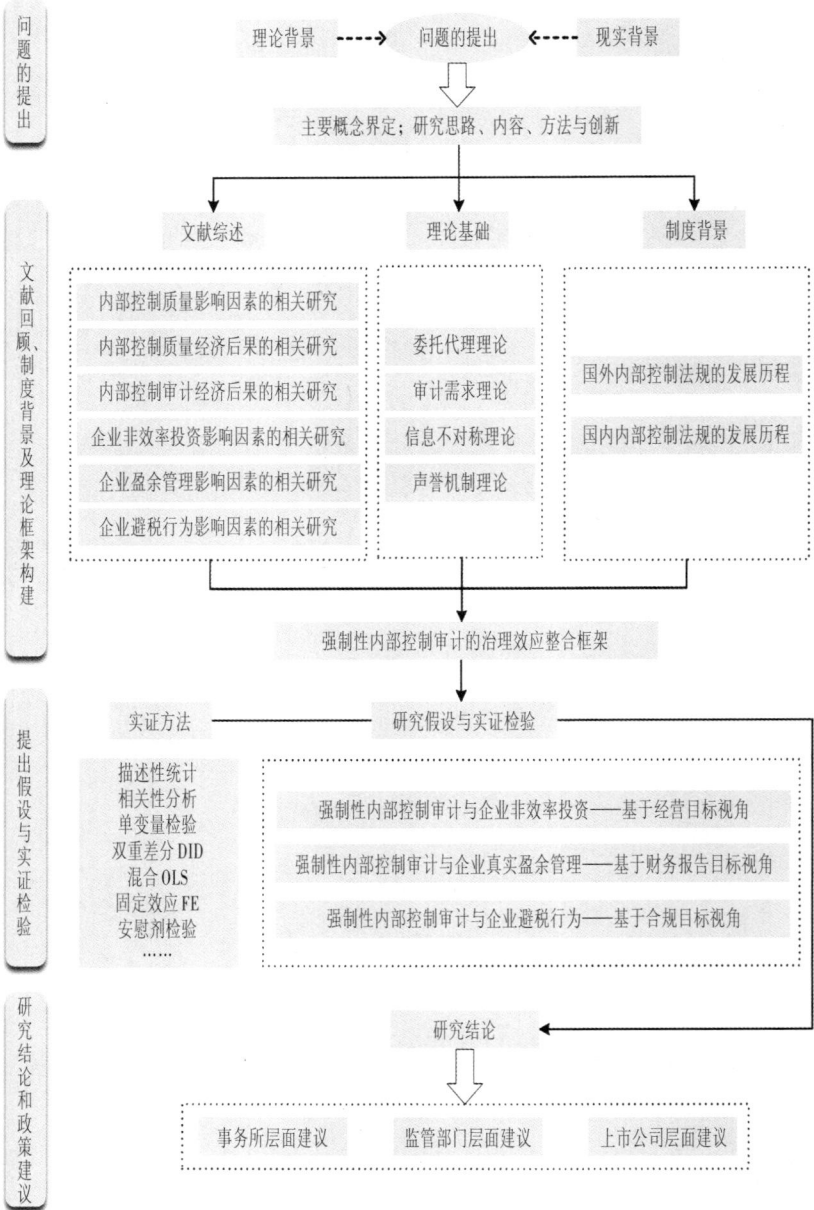

图1-1　研究思路与内容

（3）第三章：理论基础、制度背景与框架构建。本章首先对涉及的四个理论基础进行回顾和阐释，其次对国内外内部控制法规的发展历程进行梳理。最后，基于前文相关的理论基础和制度背景，构建了一个基于内部控制三大基本目标的强制性内部控制审计的治理效应框架。

（4）第四章：强制性内部控制审计对企业非效率投资的影响。本章首先基于内部控制三大基本目标之一的经营目标角度，通过对以往文献的梳理，理论分析强制性内部控制实施对企业非效率投资的影响，并提出假设。其次，通过实证方法进行检验，并测试了企业注册地的制度环境和企业信息透明度对主效应的调节影响。再次，本章通过验证平行趋势、考虑未来一期企业非效率投资水平、剔除自愿性披露的样本、考虑中小板和创业板样本、扩大样本时间范围、替换模型设定、加入其他控制变量和安慰剂检验对主回归结果进行了充分的稳健性检验。最后，在进一步分析中，我们还考虑了使用经营绩效作为内部控制经营目标实现的替代指标，并测试了强制性内部控制审计的实施对内部控制质量和地区宏观经济不确定性的影响。

（5）第五章：强制性内部控制审计对企业真实盈余管理的影响。本章首先基于内部控制三大基本目标之一的财务报告目标角度，通过对以往文献的梳理，理论分析强制性内部控制实施对企业真实盈余管理的影响，并提出假设。其次，通过实证方法进行检验，并测试了企业注册地的制度环境和企业代理成本对主效应的调节影响。再次，本章通过验证平行趋势、考虑未来一期企业真实盈余管理水平、剔除自愿性披露的样本、考虑中小板和创业板样本、扩大样本时间范围、替换模型设定、加入其他控制变量和安慰剂检验对主回归结果进行了充分的稳健性检验。最后，在进一步分析中，我们还考虑了强制性内部控制审计的实施对真实盈余管理不同组成部分和应计盈余管理的影响。

（6）第六章：强制性内部控制审计对企业避税行为的影响。本章首先基于内部控制三大基本目标之一的合规性目标角度，通过对以往文献的梳理，理论分析强制性内部控制实施对企业避税行为的影响，并提出假设。其次，通过实证方法进行检验，并测试了企业注册地的制度环境和企业融资约束对主效应的调节影响。再次，本章通过验证平行趋势、替换避税的衡量方式、考虑未来一期企业避税水平、剔除自愿性披露样本、考虑中小板和创业板样本、扩大样本时间范围、替换模型设定和安慰剂检验对主回归结果进行了充分的稳健性检验。最后，在进一步分析中，我们还考虑了使用企业诉讼风险和企业违规作为内部控制合规性目标实现水平的替代指标。

（7）第七章：对前文实证分析的结果进行总结和讨论，然后基于本书研究结果分别从会计师事务所、相关监管部门和上市公司三个主体提出相应的政策建议，并说明本研究的不足及未来研究展望。

## 第五节　研究方法与技术路线

### 一、研究方法

本书主要采用实证研究和规范研究相结合的研究方法，通过文献梳理寻找创新点，基于理论分析提出研究假设，再通过相关性分析与归纳，最终得出研究结论。

（一）文献研究方法

本书通过搜集、查阅、梳理、分析以及归纳国内外有关企业内部控制质量、内部控制审计、非效率投资、盈余管理以及避税行为等方面的研究文献，掌握相关研究的最新成果，了解现有文献的成果与不足，为本书提供理论支撑。

（二）规范研究方法

规范研究法是指通过提出研究问题—搜集整理资料—演绎推理—得出文字性研究结论的方法体系，其主要是运用价值观念或经济理论对行为人的行为结果及产生这一结果的制度或政策进行评判，对行为人的行为应该是什么做出价值判断，从而去揭示事物发展的客观规律。

本书通过对内部控制质量及内部控制审计相关文献的系统梳理，以委托代理理论、信息不对称理论、审计需求理论和声誉机制理论等相关理论为基础，从内部控制三大基本目标的角度出发，构建出强制性内部控制审计对企业非效率投资、真实盈余管理和避税行为三方面的理论框架，并规范地演绎推理强制性内部控制审计发挥治理效应的作用机理。

（三）实证研究方法

实证研究法，是指通过确定研究问题—提出研究假设—建立模型—搜集数据—统计分析—得出量化的研究结论的方法体系，其主要是运用计量方法科学揭示客观现象的内在构成因素和因素之间的普遍联系，试图超越或排斥价值判断归纳概括现象的本质及其运行规律，回答研究现象本身"是什么"的问题。

本书主要采用标准的政策效应研究方法—双重差分法（DID）验证强制性内部控制审计对企业非效率投资、真实盈余管理和避税行为的影响。为了缓解可能由内生性问题造成的不利影响，本书还采用平行趋势假设检验、使用替代衡量指标、改变样本区间、倾向得分匹配-双重差分法（PSM-DID）和安慰剂检验等方法对主回归中的结论进行稳健性分析，以提升研究结论的可靠性。

## 二、技术路线

本书研究的技术路线如图1-2所示。

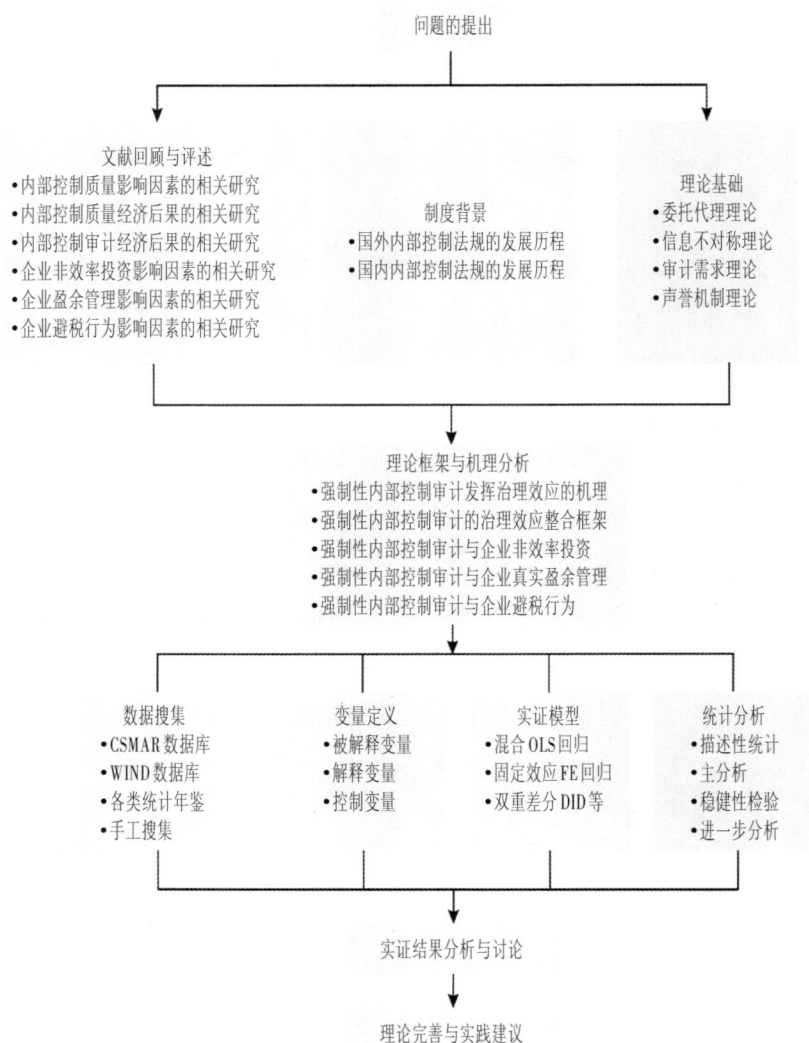

问题的提出

**文献回顾与评述**
- 内部控制质量影响因素的相关研究
- 内部控制质量经济后果的相关研究
- 内部控制审计经济后果的相关研究
- 企业非效率投资影响因素的相关研究
- 企业盈余管理影响因素的相关研究
- 企业避税行为影响因素的相关研究

**制度背景**
- 国外内部控制法规的发展历程
- 国内内部控制法规的发展历程

**理论基础**
- 委托代理理论
- 信息不对称理论
- 审计需求理论
- 声誉机制理论

**理论框架与机理分析**
- 强制性内部控制审计发挥治理效应的机理
- 强制性内部控制审计的治理效应整合框架
- 强制性内部控制审计与企业非效率投资
- 强制性内部控制审计与企业真实盈余管理
- 强制性内部控制审计与企业避税行为

**数据搜集**
- CSMAR 数据库
- WIND 数据库
- 各类统计年鉴
- 手工搜集

**变量定义**
- 被解释变量
- 解释变量
- 控制变量

**实证模型**
- 混合 OLS 回归
- 固定效应 FE 回归
- 双重差分 DID 等

**统计分析**
- 描述性统计
- 主分析
- 稳健性检验
- 进一步分析

实证结果分析与讨论

理论完善与实践建议

**图 1-2　技术路线**

首先，我们依据现实背景和理论背景提出本书的研究问题，明确本书的研究意义及可能的创新点。然后，我们在此基础上对国内外相关的文献进行回顾，并做出述评，以把握当前研究的成果与不足。接着，本书以委托代理理论、信息不对称理论、审计需求理论和声誉机制理论等相关基础理论和制度背景为基础确定研究的理论框架，并进行总体性的机理分析。在确定理论基础和框架后，我们采用实证研究的方法进行分析。具体而言，我们首先基于内部控制三大基本目标分别从企业非效率投资、企业真实盈余管理和企业避税行为三方面提出假设，选择适当的实证分析方法；然后通过手工搜集各类统计年鉴、CSMAR 数据库和 WIND 数据库的数据，并构建模型以及确定主要分析采用的变量，再进行统计分析。在确定实证分析的结果后，我们对结果进行讨论，然后根据检验的结果进一步完善本书的理论，并就研究结论在实践中可能的应用进行讨论。

## 第六节　创新点

本书选取 2012 年《分类分批实施通知》为自然实验背景，检验强制性内部控制审计的实施发挥的治理效应，主要有以下创新点：

其一，本书的研究丰富了在中国资本市场的制度背景下，实施强制性内部控制审计政策效果的相关文献，为强制性内部控制审计制度变迁效应的相关文献做了补充。与萨班斯法案 404 条款"一刀切"的做法不同，我国的强制性内部控制制度是分类分批展开的，同时强制性内部控制审计制度也尚不属于法律范畴，而是一种企业管理制度，因此无论是执行力还是约束力可能都不及萨班斯法案，这可能使得国外相关研究成果无法直接应用在我国的资本市场上。此外，我国的内部控制监管制度经历了由诱致性变迁阶段（自愿性披露）到强制性变迁阶段（强制性披露），本书的研究也为研究我国内部控制审计制度变迁效应的相关文献做了补充。

其二，本书从内部控制审计的视角丰富了内部控制领域的相关研究。与以往内部控制的研究更多关注内部控制质量不同，本书关注的是内部控制审计的经济后果。而内部控制审计和内部控制质量是两个不同的概念，内部控制审计是对财务报告内部控制的一种鉴证，更加突出的是外部审计发挥的效应，强调的是审计师作为第三方对公司内部控制和公司治理的影响，因此本书的研究和以往内部控制质量的研究有所不同。目前国内外有关内部控制研究文献，更多的是从内部控制质量的角度出发，采用管理层披露的内部控制评价报告中的内部控制缺陷数量和类型，或者相关数据库的内部控制评级指数进行衡量。与之相比，研究内部控制审计经济后果的研究却比较缺乏。

其三，本书从内部控制审计的视角丰富了审计治理效应的相关文献，拓展了审计需求理论在内部控制审计治理上的应用，便于我们理解在过程上保证财务报告可靠性的内部控制审计是如何对企业和高管决策行为产生影响的。目前有关企业非效率投资、盈余管理和避税行为影响因素的研究，多从企业特征、审计师、公司治理和内部控制、股票市场激励和其他外部因素展开。这其中有关审计师对企业非效率投资、盈余管理和避税行为的影响，更多的研究从财务报告审计的角度考察，而与内部控制审计相关的证据还比较缺乏。

其四，本书从内部控制三大基本目标出发，构建了一个强制性内部控制审计制度对企业非效率投资、真实盈余管理和避税行为发挥治理效应的整合框架，为强制性内部控制审计经济后果的研究提供了一个新的视角。国内已有的相关研究证实了强制性内部控制审计的实施有助于提升企业内部控制质量（张国清和马威伟，2020），抑制控股股东掏空（钟凯等，2014），促进企业创新并推动地方经济增长（王嘉鑫，2020；钟凯等，2016），但却会造成企业审计费用的上升（王永海和王嘉鑫，2017），并且不会对资本市场定价效率产生明显影响（方红星和楚有为，2019）。其中，钟凯等（2014）对控股股东掏空的研究样本区间为2007—2012年，并未考虑到被要求2013年和2014年分批实施内部控制审计的非国有控股上市公司。由此可见，现有的国内研究缺乏从内部控制基本目标的系统的视角来检验强制性内部控制审计的治理效应。接下来，本书还进一步分析了制度环境、信息透明度、代理成本和融资约束等对强制性内部控制审计治理效应的调节影响。此外，本书还初步探索了强制性内部控制审计影响非效率投资和地区宏观经济不确定性间关系的机制，为我们理解强制性内部控制审计在资本市场与宏观经济中的作用提供了经验证据。

其五，本书对现有有关内部控制审计经济后果研究使用的研究方法进行了改进，运用了多期DID的方法系统性地研究强制性内部控制审计的治理效应，提升了研究结论的可靠性。现有相关研究绝大部分通过定义政策虚拟变量，利用OLS和面板固定效应模型进行回归的方法，或是将2012年以后全部公司"一刀切"划分为强制实施的范围内，这会使得研究结论具有内生性的问题。2012年起分类分批开展内部控制体系建设的实践为本书研究政策的实施效果提供了良好的准自然实验条件。首先，上市公司作为政策实施主体几乎不会对强制性内部控制审计制度的设计和制定产生影响。同时，对于不同批次企业的划分是基于2009—2011年的历史数据，这很好地解决了样本选择的非随机性问题。其次，新政策对于研究样本企业来说是外生事件，并且是逐步推行的，可以找到相应的实验组和控制组。

第二章

**文献综述**

# 第一节 内部控制质量影响因素的相关研究

从国内外相关研究文献来看，内部控制质量的影响因素主要包括公司内部特征与外部环境因素，其中内部特征包括公司基本特征与治理结构特征。

## 一、公司内部特征与内部控制质量

### （一）公司治理结构特征与内部控制质量

公司的治理机制、管理风格、审计委员会与董事会特征和内部审计职能等治理结构特征对公司的内部控制质量有着重要影响。

公司的治理机制会影响企业的内部控制质量。Lin 等（2011）、张颖和郑洪涛（2010）发现，内部审计可以降低企业发生违规行为的可能性，减少内部控制重大缺陷。而独立的和专业的审计委员会成员更容易了解内部控制和财务报告程序，通过对内部审计部门提供制度和资源保障，使得内部审计师能够有效监督公司的日常经营，及时发现和纠正无效的内部控制，有利于提高企业的内部控制质量（Krishnan，2005；刘焱和姚海鑫，2014）。此外，如果企业的审计委员会成员在另外一家三年内有披露过内部控制重大缺陷的企业担任董事，那么该成员会帮助企业更好地提升内部控制水平，使得企业更不太可能报告内部控制重大缺陷（Cheng 等，2019）。除了审计委员会之外，独立董事的存在也可以有效监督管理层和大股东的行为，维护公司的整体利益，尤其是保护中小股东的利益诉求。因此，独立董事为了规避风险和维护自己的声誉而选择的主动离职可能会向外传递出企业内部控制存在问题的信号（尚兆燕和扈唤，2016）。

公司的管理风格会影响企业的内部控制质量。《企业内部控制基本规范》规定，企业应当建立内部控制实施的激励机制促进内部控制的有效实施。企业实施合理的高管薪酬激励方案有助于实现管理层和股东利益风险共担，抑制管理层谋取私利的动机，提高内部控制有效性（逯东等，2014）。Ge和McVay（2005）证实了当企业存在有缺陷的收入确认政策、职责划分的缺失、期末报告程序和会计政策的缺陷以及不适当的对账时，会提高内部控制重大缺陷出现的可能性。此外，Choi等（2013）使用韩国上市公司独特数据，从企业和部门层面研究了企业财务报告内部控制方面的人力资源投资对内部控制缺陷披露的影响。研究发现，企业在内部控制人力资源方面的投入（公司和关键部门内部控制人员比例及其变化）与出现内部控制缺陷的可能性负相关。

（二）企业及高管基本特征与内部控制质量

公司的产权性质会影响企业的内部控制质量。刘运国等（2016）的研究发现，相比中央政府控制的企业，地方政府控制的企业内部控制质量更差。非国有股东更加关注企业绩效与投资回报，他们有更强的动机监督企业管理层，有利于提高国有企业内部控制质量。

国外学者以萨班斯法案302和404条款实施为研究背景发现，成长迅速、上市时间短、经营业务复杂、外部融资需求高、规模更小、盈利更少、要求会计师事务所提供非审计服务、海外交易频繁、财务风险更大、财务绩效差、近期兼并重组等高风险经营的企业，出现内部控制缺陷的可能性更高（Ashbaugh-Skaife等，2007；Ge和McVay，2005）。这类企业往往处在一个资源缺乏、财务问题复杂和多边的经营环境中，使得它们在内部控制实施上面临巨大的压力。我国的相关研究也关注了不同企业特征对内部控制质量的影响。林斌和饶静（2009）基于信号传递理论，对我国上市公司自愿披露内部控制鉴证报告的动机进行了研究，并发现内部控制资源充裕、快速成长、设置了内审部门的上市公司更愿意披露内部控制鉴证报告；而上市年限长、财务状况差、组织变革程度高及发生违规的公司更不愿意披露鉴证报告。此外，根据企业生命周期理论，企业的形成和发展与其他组织一样具有生命体的部分形态，不同阶段的生产经营和组织特征各有不同，致使其面临代理问题的严重程度存在差异，最终会影响到企业的内部控制质量（胡明霞和干胜道，2018）。同时，处于不同发展阶段的企业，CEO权力结构也具有不同特点。当CEO的权力增强时，会使其有更大的动机谋取私利（胡明霞和干胜道，2018；刘焱和姚海鑫，2014）。

高管背景特征也会对企业内部控制质量产生影响。Hambrick和Mason（1984）首次提出"高层梯队理论"，用以研究高管个人特征对其行为选择、公司绩效等的影响。高管作为内部控制的主要推动者，其认知能力、经营理念、价值观等心理特征因素必然会影响内部控制的实施效果。池国华等（2014）以高管的性别、年龄、学历、任职时间、教育背景、工作经历等衡量高管个人特征，验证了高管背景特征与内部控制质量间的相关性，但这种相关性在不同高管之间存在差异，其中董事长对内部控制质量的影响力最高。陈汉文和王韦程（2014）则发现董事长的年龄、受教育程度、任职时间以及薪酬水平与公司内部控制质量显著正相关。

## 二、公司外部环境与内部控制质量

良好的外部制度环境有助于企业内部控制质量的提高。上市公司所处地区市场化程度越高，政府干预越弱，公司的内部控制质量越高（刘启亮等，2012；赵渊贤和吴伟荣，2014）。

产品市场竞争会迫使管理者付出更多努力改善经营，降低企业发生损失甚至破产的可能性，进而提高企业内部控制质量。而且，产品市场竞争会缓解控股股东和中小股东、股东与管理层之间的委托代理成本，这会促进管理层更加勤勉地工作，从而提高保护了内部控制的有效性（张传财和陈汉文，2017）。

政府审计作为国家治理体系中的一项基础性制度安排，可以有效提高中央企业控股上市公司的内部控制质量，降低企业出现内部控制缺陷的可能性和数量（池国华等，2019）。民间审计作为另一种外部审计机制，注册会计师会察觉出客户的审计风险并采取放弃部分客户的手段规避风险，因而更换审计师是内部控制存在缺陷的一个信号（Rice和Weber，2012；田高良等，2010）。

机构持股者作为最重要的外部治理机制之一，会采用"用手投票"等积极方式发挥其治理作用，对企业管理层行为进行监督，抑制内部控制缺陷的出现。更进一步来说，机构投资者的类型会对内部控制缺陷抑制作用大小产生影响，独立型机构投资者和长期机构投资者有更强的动机参与公司治理，监督管理层，因而他们持股的企业存在内部控制缺陷的可能性更小（李越冬和严青，2017）。

## 第二节　内部控制质量经济后果的相关研究

经营目标、财务报告目标和合规目标是内部控制的三大基本目标。内部控制对企业财务报告质量有重要影响，内部控制信息也因此成为企业外部信息使用者最主要的信息源之一。因此，内部控制质量的经济后果主要包括内部控制预期目标的实现以及内部控制引发企业利益相关者的一系列行为反应。

## 一、内部控制质量与内部控制基本目标的实现

### （一）内部控制质量与经营的效率与效果

首先，内部控制的有效实施能够提高信息透明度，从而减少高管的机会主义行为，缓解代理冲突。同时根据契约理论，一旦董监高利用自己拥有的信息优势谋取私利，必然会打破平衡的契约状态而面临来自利益相关者和监管机构的审查。相关的研究证实了有效的内部控制对高管机会主义行为的抑制作用。陈作华和方红星（2019）使用深圳迪博内部控制与风险管理数据库中的内部控制指数作为度量依据，以恶意减持、"精准"减持、"清仓式"减持等无序和违规减持为研究对象，并发现高质量的内部控制显著地抑制了这类高管机会主义减持行为的发生。周美华等（2016）以在职消费作为腐败的代理指标，证实了高质量的内部控制可以抑制高管腐败行为的发生。罗正英等（2016）研究证明有效的内部控制可以约束管理层权力滥用，提高管理层薪酬业绩的敏感性。有效的内部控制可以制衡高管权力，抑制并购过程中发生的高管攫取私利的行为，及时发现并购中存在的风险并加以应对，进而提高并购的绩效（赵息和张西栓，2013）。Skaife等（2013）以内部人交易盈利性作为管理层寻租行为的代理变量，发现存在内部控制重大缺陷的企业管理层更有可能通过内部人交易尤其是内部人抛售来谋取私利。

其次，良好的内部控制可以提升企业的价值。内部控制是保证公司企业经营目标的实现而采取的方法和程序，良好的内部控制有利于企业经营绩效的提升（白默和李海英，2017）。从本质上来讲，企业内部控制是为了满足管理需求的一项企业管理活动，因此它能够有效缓解融资约束，促进政府研发补贴绩效的提高，激励企业的创新活动（陈红等，2018）。具体来说，内部控制有助于防范和控制风险，促进

信息沟通，提高补贴的使用效率和投资效率。在"互联网+"的国家战略下，高质量的内部控制会通过加强公司治理、内部监督和盈余管理这几个途径，促进上市公司积极参与并实施互联网商业模式（杨德明和史亚雅，2018）。无效的内部控制既可以通过降低企业销售盈余预测的能力和经营费用的错报等不利于内部报告质量的渠道降低企业的经营效率（Cheng等，2018），也可以通过降低企业内部资本配置效率而损害企业价值（D'Mello等，2017）。后续的一些研究还测试了不同类型内部控制缺陷对企业价值的影响。与企业报告存货相关的内部控制重大缺陷会导致存货周转率降低，从而出现更大可能的存货减值，这最终会影响到企业的整体经营活动（Mei等，2015）。Gao和Jia（2016）研究发现当企业存在内部控制缺陷，尤其是与控制环境和财务报告整体流程相关的内部控制缺陷时，投资者会相应地降低对企业流动资产的估值，从而有损企业价值。此外，存在内部控制缺陷的企业内部控制有效性下降，不利于相关并购活动（如估值、监督和整合等）的开展，从而导致更差的并购绩效（Harp和Barnes，2018）。与此同时，并购当年存在内部控制重大缺陷会导致后续年份因并购确认的商誉而发生更高比率的减值（Caplan等，2018）。

最后，有效的内部控制可以抑制非效率投资行为的发生。周中胜等（2017）对内部控制影响企业投资的渠道进行了详细分析：第一，良好的内部控制有利于财务报表质量的提高，缓解信息不对称，从而帮助管理层做出更好的投资决策；第二，内部控制质量的提高使得高管薪酬业绩敏感性更高，激励高管更好地进行投资决策以增加企业价值，抑制高管的机会主义行为；第三，健全的内部控制体系给予管理层更灵活的权力，促使管理者更好地把握投资机会。李万福等（2011）通过基于流动性特性的条件关系检验和基于预期投资偏离的无条件关系检验，发现较差的内部控制会加剧企业的过度投资和投资不足的问题。但是，由于受到外部监督和内部自查等因素的影响，当期披露存在内部控制缺陷的企业很可能在下期得到修正，这会导致企业投资效率在内部控制缺陷信息披露前后可能存在时序上的动态差异。Cheng 等（2013）、张超和刘星（2015）的研究也发现内部控制质量的提高能够降低非效率投资水平。池国华等（2016）等则深入分析了内部控制与 EVA 考核对企业非效率投资的影响，结果显示内部控制规范的实施可以对过度投资和投资不足均产生抑制作用，而 EVA 考核只能对过度投资产生治理作用。

（二）内部控制质量与财务报告的可靠性

内部控制质量可以通过两个途径影响企业的盈余管理：其一，公司相关人员缺乏对相关政策的足够了解和对工作流程不熟悉等都会造成无意的错报，进而造成应计项目和净利润数额的偏差；其二，管理层的自由裁量权会导致管理层的盈余操纵行为，在内部控制无效的情境下，这种行为就会产生有意的财务错报。Ashbaugh-Skaife 等（2008）研究发现，报告内部控制缺陷的企业盈余质量更低，而当内部控制缺陷被修复后，应计盈余质量会得到显著提升。萨班斯法案404 条款降低了有意和无意的财务错报，与未披露内部控制重大缺陷的企业相比，被要求披露内部控制重大缺陷的企业可操纵性应计更高（Chan 等，2008）。Doyle 等（2007）采用可操控性应计、平均应计、财务报表重述和盈余持续性等衡量应计质量，研究发现低质量的内部控制与低质量的应计有关，存在内部控制缺陷的公司具有更低的盈余持续性。Van de Poel 和 Vanstraelen（2011）使用荷兰的数据研究发现，在内部控制信息披露未执行强制规则时，内部控制报告的有效性与应计质量正相关。Bedard 等（2012）的研究表明那些经过两年还没能整改的内部控制缺陷通常与复杂的异常应计有关。

来自中国的证据也从不同角度检验了内部控制对盈余质量的影

响。刘启亮等（2013）采用陈汉文教授主持的厦门大学内部控制指数课题组发布的中国上市公司内部控制指数的数据，并发现高质量内部控制能够有效提高公司财务报告质量，提高信息披露的透明度，具体表现为盈余质量更高，更不容易发生财务重述行为。范经华等（2013）则进一步测试内部控制对不同类型盈余管理的影响，他们认为，由于应计盈余管理和真实盈余管理两种盈余操纵方式具有不同的操纵成本，因此良好的内部控制对应计盈余管理会有明显的抑制作用，然而对于真实盈余管理，只要不违规，内部控制就无法对真实的经营活动盈余操纵发挥抑制作用。

（三）内部控制质量与经营的合法合规性

内部控制的一个基本目标是促进企业合法合规经营，内部控制的实施有利于强化法律和监管制度的实施，从而降低公司的违规风险。首先，高质量的内部控制促进公司合法合规经营，降低被诉讼风险。其次，有效的内部控制有助于企业构建良好的风险评估体系，使得管理层可以迅速做出决策应对风险。最后，高质量的内部控制有利于公司内部及时有效的信息沟通，提高应对诉讼纠纷的能力。毛新述和孟杰（2013）以涉诉次数和涉诉金额测度诉讼风险，证实了内部控制在保证企业合法合规经营方面的作用，即企业内部控制越有效，企业面临的诉讼风险越低。刘慧和张俊瑞（2018）从诉讼进展阶段展开研究，认为公司的诉讼风险主要来自未决诉讼，内部控制水平越高，越能显著降低上市公司发生未决诉讼的可能性、频率和金额。除此之外，内部控制实施可以通过提高盈余和信息披露质量来降低诉讼风险。陈作华和方红星（2018）研究发现高质量内部控制可显著改善企业的信息环境、降低企业外源融资成本并管控税收违法风险，因而可能会弱化融资约束企业激进避税的动机。谢凡等（2016）在考察内部控制缺陷对内部控制合法合规目标的影响时发现，披露内部控制缺陷的企业更有可能受到证监会或税务等部门的处罚。

Bauer（2016）以萨班斯法案下披露内部控制缺陷为研究背景，发现披露企业层面税收相关的内部控制缺陷的公司会向外传递出内部治理不佳的信号，这会使得企业税务部门无法更准确地把握并实施税收筹划，造成企业现金有效税率上升。根据相关理论，会计舞弊需要有三个必要条件：机会（opportunity）、理性（rationalization/attitude）和压力（incentives/pressure）。具有内部控制重大缺陷的企业往往是管理层对财务困境或其他经营压力缺乏足够的认知，即缺乏理性，再加上较差的内部控制也给管理层犯罪提供了一定的机会（Donelson等，2017）。

## 二、内部控制质量与利益相关者的反应

### （一）内部控制质量与审计师的反应

张旺峰等（2011）选用了一系列指标用以衡量各内部控制子目标的实现水平，并认为高质量的内部控制不仅可以降低财务报告中因工作人员的疏忽大意等而造成的无意错报的风险，而且还可以通过权力制衡等方式较好地抑制管理层机会主义行为的可能性，降低有意财务报告错报的风险（张旺峰等，2011）。而企业内部控制的质量越高，审计证据的可靠性以及可利用的程度也就越高，所以注册会计师可以用较少的审计投入来获得充分、适当的审计证据。Goh等（2013）表明公司存在重大缺陷加重了审计师对公司持续经营能力的不确定程度，而未能改进重大缺陷公司的重大缺陷数量越多，其审计费用增加和审计师辞职的可能性越大。

Raghunandan 和 Rama（2006）以及 Hogan 和 Wilkins（2008）的研究也说明了当企业的内部控制风险较高时，披露内部控制存在实质性漏洞的企业被收取了更高的审计费用。Hoitash 等（2008）进一步

发现内部控制缺陷的严重程度和不同性质会对审计费用产生不同的影响。Masli 等（2010）发现公司执行内部控制监督技术能够提高内部控制质量，从而提高审计效率并提高审计报告的及时性。面对披露内部控制重大缺陷的企业，审计师需要扩大工作范围，实施更多的额外测试，因此会造成审计延迟（Ettredge 等，2006）。Munsif 等（2012）根据企业类型进一步研究发现，相比加速申报企业，非加速申报企业的报告并不需要经第三方鉴定，因而审计师被处罚的风险更低，审计延迟更短。在整合审计的背景下，审计师对存在内部控制重大缺陷尤其是企业层面重大缺陷的企业可持续经营意见持更大的不确定性（Goh 等，2013）。

（二）内部控制质量与债权人的反应

Kim 等（2011）、Dhaliwal 等（2011）和 Ogneva 等（2007）以萨班斯法案 404 条款为研究背景并发现，在控制了其他已知的影响因素后，披露内部控制缺陷的企业比未披露内部控制缺陷的企业债务融资成本高。存在严重内部控制缺陷或公司层面内部控制缺陷的企业相比内部控制缺陷不太严重或存在会计账目层面内部控制缺陷的企业债务融资成本更高。此外，存在内部控制缺陷的企业非价格方面的融资条款更多，更不容易获得银行债务融资。Costello 和 Wittenberg-Moerman（2011）以萨班斯法案下的内部控制报告测度财务报告质量，并发现贷款人对存在内部控制重大缺陷的企业减少了有关财务条款和基于财务比率的业绩定价条款。林钟高和丁茂桓（2017）的研究同样也证实了债权人在面对存在内部控制缺陷的企业时，会在债务契约中增加更多的约束性条款，这会使得企业债务融资成本上升。

（三）内部控制质量与其他利益相关者的反应

企业披露内部控制缺陷的当天，经过企业规模调整的股票收益会发生下降，并且下降幅度随着内部控制缺陷严重性的上升而变大

（Hammersley 等，2008；杨清香等，2012）。有效的财务报告内部控制被认为是高质量信息系统和财务信息的基础，披露内部控制缺陷的企业通常会有更高的系统风险和非系统风险，这会影响投资者风险评估，造成权益成本上升（Ashbaugh‑Skaife 等，2009；Gordon 和 Wilford，2012）。

## 第三节　内部控制审计经济后果的相关研究

内部控制审计是指会计师事务所接受委托，对特定基准日内部控制设计与运行的有效性进行审计，可以对公司内部控制的设计和运行情况发挥治理效应。第三方审计师出具的内部控制审计报告的披露，会帮助企业利益相关者评估企业内部控制的情况。因此，内部控制审计的经济后果主要包括内部控制预期目标的实现以及内部控制审计报告披露引发企业利益相关者的一系列行为反应。

### 一、内部控制审计与内部控制基本目标的实现

（一）内部控制审计与经营的效率与效果

钟凯等（2014）分别从宏观制度层面和微观企业层面研究了我国内部控制信息披露对控股股东掏空行为的影响，研究结果显示，基于信号传递理论，自愿披露内部控制鉴证报告的企业，控股股东掏空更低。

强制性内部控制审计的实施有助于缓解融资约束和信息不对称的问题，提升公司治理水平，促进创新项目的培育与孵化（王嘉鑫，2020）。钟凯等（2016）也发现内部控制信息强制披露之后，企业创新投资规模显著扩大。这是因为企业实施内部控制的一个重要环节为

风险评估，通过风险评估，管理层能及时有效地识别外部环境风险与机遇，整合内部资源，挑选优质的创新项目，提高创新投资效率；而且，内部控制可以促进企业完善相关监督与治理机制，降低内外部信息不对称，压缩管理层通过创新投资攫取私利的空间，缓解代理冲突，为企业创新投资拓宽更多融资渠道。

（二）内部控制审计与财务报告的可靠性

2002 年颁布的萨班斯法案中强制要求上市公司管理层强化内部控制建设，其中 404 条款要求管理层出具企业内部控制有效性的评估报告，以此来控制公司的盈余操纵行为，提高会计信息质量。美国联邦存款保险公司改进法案（FDICIA）要求符合条件的存款保险公司管理层出具财务报告内部控制有效性报告，并须经第三方独立审计师鉴证。Altamuro 和 Beatty（2010）以此法案的出台作为双重差分实验背景，并发现被法案强制要求实施的企业盈余质量更高。

方红星和金玉娜（2011）研究发现高质量内部控制能够同时抑制公司的应计盈余管理和真实盈余管理，自愿披露获得合理保证的内部控制鉴证报告的公司盈余管理程度最低。雷英等（2013）经过分析发现，披露内部控制审计报告的公司会计盈余质量要高于未披露内部控制审计报告的公司。强制性内部控制制度等内部控制监管收紧带来的压力会导致管理层转而选择操纵更隐蔽、法律风险更低的真实盈余管理活动（王嘉鑫和王永海，2019）。

## 二、内部控制审计与利益相关者的反应

（一）内部控制审计与审计师的反应

张国清（2010）、张国清和夏立军（2013）分别从审计延迟和审计费用的角度考察了自愿性内部控制信息披露对审计师的影响。如果企业披露了无保留的内部控制审计意见，那么注册会计师就更不太可

能出现审计延迟，同时内部控制审计一般也不会增加企业的审计负担。内部控制审计费用自愿披露会抑制审计师"低价揽客"或将异常财务报告审计费用转入内部控制审计费用的行为，从而显著提高了内部控制审计的独立性（汤晓建和张俊生，2017）。

（二）内部控制审计与投资者的反应

Bargeron 等（2010）认为内部控制条款的实施会通过影响企业的投资决策和股价波动性而降低企业风险。张继勋等（2011）从投资者的角度，通过实验发现上市公司详细披露内部控制信息，能明显降低投资者感知的重大错报风险。同时，审计意见不同的类型影响了投资者对重大错报风险的感知及其投资可能性。方红星和楚有为（2019）聚焦于自愿披露与强制披露两种制度下内部控制审计报告披露对资本市场定价效率的影响，并发现在两种披露制度并存期间，自愿披露内部控制审计报告有助于公司特质信息融入股票价格，从而提升了资本市场定价效率；强制披露内部控制审计报告并没有增加股价所反映的特质信息。

## 第四节　企业非效率投资行为影响因素的相关研究

根据 Modigliani 和 Miller（1958）的研究，企业的投资水平只会受投资机会（使用托宾 Q 值作为衡量方式）的影响。由于现实中并不存在无摩擦的完美资本市场，因此，信息不对称和代理问题成为会对企业投资效率产生影响的两大因素。已有大量的研究讨论了企业非效率投资的影响因素，这些研究分别从内部环境因素和外部环境因素展开，其中内部环境方面主要包括公司治理、内部控制、企业和高管特征以及信息披露等内容，外部环境方面主要包括政府干预、外部治理机制、供应链关系和社会网络等内容。

## 一、企业非效率投资的内部影响因素

### （一）公司治理与企业非效率投资

公司治理被认为是影响非效率投资的有效途径，相关研究从股权结构、公司治理结构特征、高管薪酬激励计划等证实了其对企业非效率投资的影响。

首先，股权结构会影响企业的非效率投资水平。国有企业所有权和控制权高度分离，信息不对称程度较高，管理者也不会受到来自市场的压力，因此国有股权往往会造成非效率投资（Boubakri 等，2013；Feng 等，2011）。相比由单一大股东控制的企业，多个大股东并存会缓解代理成本，降低信息不对称，抑制企业过度投资（Jiang等，2018）。而在面临同样的外部融资约束的情境下，隶属于企业集团的上市公司既可以利用总部的担保，也可以通过集团内部资本融通获得现金流支持，因而其过度投资的程度会越严重（窦欢等，2014）。

其次，公司治理结构特征会影响企业的非效率投资水平。当企业处于投资不足的情境之下时，会计稳健性更高的企业更容易获得债务融资，从而提高企业的投资水平（Lara 等，2016）。同时，稳健的报告会带来对"好消息"更严格的会计确认和计量标准，因此可以降低企业在风险创新活动上的非效率投资（Laux 和 Ray，2020）。McNichols 和 Stubben（2008）选取因会计违规而被美国证券交易委员会调查、被其股东起诉或发生重述财务报表的企业，并定义为进行盈余操纵的企业，这些企业的投资效率更差。公司章程中对于董事会投资权限大小的限制会对企业投资水平产生不同影响，当权限过大时会导致投资过度，而权限过小时又会带来投资不足（柳建华等，2015）。当审计总监兼任监事时，可以加强内部审计部门和其他治理层间的沟通和反馈，减少信息的不对称性，降低代理问题，改善企业投资效率（王兵等，2018）。在公司治理中，董事会对企业的非效率投资水平也会有较大影响。董事会中有一个具有领导地位的独立董事有助于制约CEO的权力，降低代理成本，进而提高企业的投资效率（Rajkovic，2020）。地理空间上的间隔使得异地独董不能很好地发挥监督职责，导致企业更严重的过度投资（曹春方和林雁，2017）。除了独立董事之外，非执行董事更独立于管理层，加上自己的股东单位背景和全职工作经历，使得他们也可对管理层过度投资行为发挥积极的监督作用（胡诗阳和陆正飞，2015）。

最后，高管激励形式会影响企业的非效率投资水平。Cohen等（2013）以萨班斯法案的通过对高管薪酬激励方式的改变为研究契机，发现更少的基于业绩或股权激励的高管薪酬会抑制高管的风险投资，从而有利于企业投资效率的提高。陈效东等（2016）的研究也证实了不同高管股权激励动机对公司投资决策的影响，具体表现为激励型股权激励抑制公司非效率投资，而非激励型股权激励却加剧公司的非效率投资。

（二）内部控制与企业非效率投资

内部控制会影响企业的非效率投资水平。Cheng等（2013）、张超和刘星（2015）研究发现内部控制质量的提高能够降低非效率投资水平。以财政部和证监会联合发布的《关于2012年主板上市公司分类分批实施企业内部控制规范体系的通知》为判断依据，池国华等（2016）为内部控制规范实施对非效率投资发挥治理效应提供了实证证据。

（三）信息披露水平与企业非效率投资

信息披露水平会影响企业的非效率投资水平。来自发达市场和新兴市场的证据都证实了更高的会计质量会降低信息不对称，缓解企业财务约束，提高企业的投资效率（Feng 等，2011；Roychowdhury 等，2019）。相比整合报告，分开报告企业社会责任信息和财务信息更有助于投资者从多维的角度对企业做出评估，从而提高投资效率（Bucaro 等，2020）。有证据表明，信息披露水平对投资效率的影响会根据向外传递的企业未来资本存量和经营现金流的信息含量大小不同而发生改变（Dutta 和 Nezlobin，2017；Wen，2013）。管理层盈余预测报告的可读性和质量与企业投资效率正相关（Chen 等，2019a；Goodman 等，2014）。对于在海外有分公司或分支机构的母公司来说，更加透明的外部信息环境会使得跨国公司能够及时捕捉当地的投资成长机会，缓解投资决策过程中的代理问题，提高投资的效率（Shroff 等，2014）。公司自愿披露非财务信息对企业投资的影响是把双刃剑，虽然缓解了投资不足但也导致了过度投资（程新生等，2012）。Chen 等（2013）以强制实施国际财务报告准则为研究背景，发现国外同类企业财务信息质量的提高有助于企业获得更真实相关的信息，从而做出更高效率的投资决策。

（四）企业及高管特征与企业非效率投资

企业的经营特征会影响企业的非效率投资水平。企业在社会责任方面的投资会挤压到其他方面的资源，同时管理层的注意力也会被分散，不利于企业投资效率的提高。而且，企业为了满足其他利益相关者的诉求进行的投资项目可能净现值小于 0，这会使股东利益受损，降低企业投资效率（Bhandari 和 Javakhadze，2017）。

高管的个人特征会影响企业的非效率投资水平。通过搜集向美国证券交易委员会提交的文件中 CEO 签字大小的数据，Ham 等（2018）发现 CEO 的自恋程度越高，越会造成企业的过度投资。来自中国的证据也证实了管理者自信对企业投资效率的不利影响（刘艳霞和祁怀锦，2019）。CEO 更丰富的职业经历会帮助其积累社会关系，更容易获得外部资金支持，进而降低其投资现金流的敏感性，并不太会受到无效内部控制的限制（Hu 和 Liu，2015）。越有能力的管理层越可以帮助企业提高资金配置效率，精准获取和整合信息，缓解信息不对称，进而提高企业的投资效率（姚立杰等，2020）。

## 二、企业非效率投资的外部影响因素

企业投资行为决策离不开外部环境的影响，诸如政府干预、外部治理机制、供应链关系和社会网络等都会对企业投资水平造成影响。

首先，政府干预会影响企业的非效率投资水平。尽管中国政府为了应对 2008 年的金融危机而采取的总额为四万亿元的一揽子经济刺激计划确实极大地促进了投资，但是受到政府干预的这些企业投资效率却发生了下降，并且在计划实施后期出现了投资过度的现象，这可能是因为政府干预会给企业带来政策性负担（Deng 等，2017；白俊和连立帅，2014；程仲鸣等，2008；黄海杰等，2016；王克敏等，2017）。与此相反，曹春方（2013）利用省委书记更替数据，发现在更替年份，官员更替会降低地方国企的投资量，并抑制过度投资。良好的公共治理环境有助于企业获得更多的投资机会和融资渠道，扩大企业投资规模，提高投资效率（陈德球和李思飞，2012）。

其次，外部治理机制会影响企业非效率投资水平。外部审计能发挥对财务报告的鉴证作用，进而影响企业的非效率投资水平。高质量审计能够更加准确地将内部真实的信号传递给外部投资者，降低企业内外部投资者之间的信息不对称，有利于企业投资效率的提高。学识和资源丰富的审计师会为其客户提供投资决策的信息优势，从而有利于客户公司投资效率的提高（Gil Soo 等，2017）。当客户公司财务报告质量不佳时，即使审计师付出努力提高审计质量，也无法扭转企业投资效率下降（Chen 等，2019b）。除此之外，审计师风险态度也会影响企业的投资决策（Lu 和 Sapra，2009）。从国家审计来看，其在监督企业过度投资方面也能发挥作用（王兵等，2017）。除了审计之外，分析师和媒体等也会对企业投资效率产生影响。To 等（2018）利用经纪公司倒闭与合并两个外生事件，验证了分析师跟进对企业非效率投资的治理效应。张建勇等（2014）的研究表明，如果媒体报道特别是正面报道数量多，则更多的关注将使得管理层过度自信，或投资者情绪高涨，会增强企业的投资程度，最终引发过度投资或者缓解投资不足。

再次，供应链关系会影响企业的非效率投资水平。客户公司管理层盈余预测报告的可读性越高，供应商的外部利益相关者（如机构投资者和分析师）更能有效地监控供应商的投资效率（Chen 等，2019a）。下游企业（如客户）更多地在年报中披露风险因素，可以减少客户和供应商之间的信息差距，从而帮助供应商企业做出最优选择，降低非效率投资水平（Chiu 等，2019）。然而，供应链关系并不总是可以促进企业投资效率的提升，当企业高度依赖供应链上的大客户时，管理层决策会趋于保守，进而出现投资不足（王丹等，2020）。

最后，社会网络结构会影响企业的非效率投资水平。风险投资所嵌入的股东网络中心度越高，风险投资公司越可以基于自身的投资经验和与其他股东的信息交流，并结合公司的经营现状给予管理层更多的投资决策，从而越有可能抑制投资不足，但也推动了公司由于盲目扩张或重复建设带来的投资过度（蔡宁和何星，2015）。董事网络中心度越高的独立董事越能发挥对企业投资的监督职责，具体表现为既可缓解企业的投资不足，也有助于抑制企业过度投资（陈运森和谢德仁，2011）。

## 第五节　企业盈余管理影响因素的相关研究

### 一、企业盈余管理的内部影响因素

（一）公司治理与企业盈余管理

公司治理被认为是影响盈余管理的有效途径，相关研究从股权结构、公司治理结构特征、高管薪酬激励计划等证实了其对企业盈余管理的影响。

首先，公司的股权结构会对企业盈余管理水平产生影响。在私募股权以及由内部人控制的企业中，管理层可以通过盈余操纵获得更多的私人利益（Givoly 等，2010；Gopalan 和 Jayaraman，2012）。当第一大股东为非经营性股东且公司流通股比例越大时，其获取大股东利益输送的机会越少，公司进行负向盈余管理的幅度越大（雷光勇和刘慧龙，2007）。而机构持股比例越高，越能有效抑制操纵应计利润的盈余管理行为，增强盈余信息真实性（程书强，2006；孙光国等，2015；汪玉兰和易朝辉，2017）。陈大鹏等（2019）以 A 股非金融上市企业为样本，发现员工持股与公司应计盈余管理水平呈显著正相关关系。

其次，有效的公司治理被视为可以抑制管理层机会主义行为的内部机制。董事会中具有财务或会计背景的独立董事和独立董事占比较高时，上市公司盈余信息质量较好，相反独立董事参会次数越多预示着公司问题较多，相应地公司的盈余信息质量则较低（Badolato 等，2014；胡奕明和唐松莲，2008）。Chen 等（2015）则以萨班斯法案为研究背景，发现不符合独立董事在董事会占比超过半数的制度要求的企业盈余管理水平更低。学者型独董较高的学术水平和知识储备使得他们有更独立分析判断问题的能力，能够更好地发挥监督职能，提高企业的盈余质量（向锐和宋聪敏，2019）。陈汉文等（2019）考虑了独立董事联结和内部控制在治理盈余管理中发挥的作用。交通便利性有助于异地独董发挥治理作用，提高盈余质量（周军等，2019）。从审计委员会的角度，Abbott 等（2004）发现审计委员会作为董事会的一个非常重要的组成部分，能够对管理层盈余管理行为发挥监管职能。

最后，不合理的高管薪酬激励机制会成为滋生高管盈余管理的土壤（何威风等，2019；李延喜等，2007；毛洪涛和沈鹏，2009；谢德仁等，2018）。Healy（1985）最早提出"薪酬契约动机"，并发现当没有限制管理者薪酬时，他们往往会进行正向盈余管理；而限制了管理者薪酬上下限之后，他们会进行反向盈余管理。苏冬蔚和林大庞（2010）、杨慧辉等（2012）以股权分置改革为研究背景，发现正式的股权激励会使得 CEO 更有可能制订符合自身利益的激励计划，或者为了谋取私利而进行盈余管理。当高管与同行业可比公司高管薪酬差距越大时，高管越有可能通过盈余操纵来满足自己的薪酬攀比心理（罗宏等，2016）。

（二）企业及高管特征与企业盈余管理

企业特征会影响企业的盈余管理。当企业业绩较差的时候，管理层更可能会选择盈余管理活动来粉饰企业的不良业绩（Balsam 等，1995；DeFond 和 Park，1997；Keating 和 Zimmerman，1999；Kinney Jr 和 McDaniel，1989；Petroni，1992；何威风等，2019）。尤其是当企业的负债水平接近债务契约限制时，管理层更会进行盈余操控避免违约。当企业处于高速发展的阶段或采取激进的发展战略时，由于对资金的需求很高，管理层会通过盈余管理的形式获得更多的资金支持

（Nissim 和 Penman，2001；孙健等，2016）。同时，由于规模更大的公司内部控制更加完善，良好的治理机制抑制了管理层的盈余管理行为（Ashbaugh-Skaife 等，2007；Ball 和 Foster，1982；Doyle 等，2007；李增福和周婷，2013）。

作为盈余管理的实施者，高管的个人特征会影响企业的盈余管理水平。女性高管可能会采用更具亲和力和参与式的领导风格，同时鉴于女性道德层面的水准更高，所以更高比例的女性高管有助于抑制企业的盈余管理（杜兴强等，2017）。CEO 拥有来自大陆法系的海外留学经历有助于提高公司的治理水平，进而抑制企业盈余操纵水平（杜勇等，2018）。高管团队在性别和学历方面的差异会滋生企业盈余管理行为的发生，而来自任职时间的差异却有助于提高盈余质量（何威风，2015）。此外，高管的个人能力、乐观主义和任期等都会影响公司的领导风格和决策过程，从而对盈余管理行为产生影响（Ali 和 Zhang，2015；Demerjian 等，2013；Scott Asay，2018；贺小刚等，2012）。

## 二、企业盈余管理的外部影响因素

企业盈余管理行为会受到外部环境的影响，诸如政府干预、外部治理机制和产品市场竞争环境等都会对企业盈余管理水平造成影响。

首先，国家各种政策法规等的出台和改变会影响企业的财务行为。面对地方领导人变更而产生的政策不确定性时，当地上市公司会提高盈余管理程度来降低未来可能增加的政策性成本（陈德球和陈运森，2018）。陈国辉等（2018）的研究表明应规和自愿披露社会责任报告均会对企业盈余管理产生影响。陈俊和张传明（2010）以深交所考评等级测度披露变更为切入点，发现披露变更对企业盈余管理行为的影响具有非对称性。陈宋生和童晓晓（2017）研究发现，XBRL 财务报告被财政部和证监会双重监管的公司的真实盈余管理水平高于其他公司4.0%。雷新途和汪宏华（2019）的研究发现，党的十八大以来的反腐风暴一方面降低了企业的应计盈余管理行为，但另一方面企业却转而采用更为隐蔽的真实盈余管理和分类转移盈余管理行为。李增福等（2011）以2007年所得税改革为背景研究了我国上市公司盈余管理方式的选择问题。研究结果显示，预期税率上升使公司更倾向于选择真实盈余管理，预期税率下降会使公司更倾向于实施应计盈余管理。陆瑶等（2017）发现最低工资水平的升高会显著提高上市公司的应计盈余管理水平和真实盈余管理水平。其他的诸如国际财务报告准则（IFRS）强制采用、保荐制度、中国上市公司公开增发业绩门槛、退市制度改革，以及强制性分红制度等政策的出台和变动都会抑制管理层的机会主义动机（Kim等，2019；王克敏和廉鹏，2010；王克敏和刘博，2012；许文静等，2018；闫丽娟等，2020）。

其次，根据 DeAngelo（1981）对审计质量的定义，审计质量是审计师发现财务错报和报告财务错报的联合概率，审计师会对企业盈余管理操纵行为产生影响。当审计师是行业专家或投入的审计工时更长时，审计师会更努力，从而客户公司可操纵性应计利润更低（Caramanis 和 Lennox，2008）。审计师通过利用专家工作应对关键审计事项，可以抑制企业的盈余管理水平（柳木华和雷霄，2020）。审计师由于对审计报告使用者负有合理保证义务和赔偿责任，所以当审计师法律责任风险关注度提高时，会对被审计客户公司的真实盈余管理活动起到抑制效应（崔云和唐雪松，2015）。多数的研究结论都认为诸如"四大"之类的事务所审计的公司盈余管理水平更低（Choi等，2018），然而审计费用对客户公司盈余质量的影响要视费用类型（审计费用/非审计费用）而定（Srinidhi 和 Gul，2007）。此外，上市公司还可以通过更换不满意的审计师以实现盈余操纵的目的（刘伟和刘星，2007）。

最后，产品市场竞争、媒体关注和分析师跟踪等对企业的影响可能是双面的（Healy等，2014；曾伟强等，2016；温日光和汪剑锋，2018；叶青等，2012；于忠泊等，2011；张芳芳和陈习定，2015）。一方面，这些外部治理机制具有监督职能，抑制管理者的盈余管理活动，即"有效监管假说"。比如，陈克兢（2017）发现媒体监督可以有效地制约上市公司盈余管理行为，同时媒体监督还是约束上市公司盈余管理有效的法律外替代机制。另一方面，迫于市场的压力，管理者又可能采取更多的机会主义行为满足市场的预期，即"市场压力假说"。比如，He和Tian（2013）研究发现企业分析师跟进的人数越多，其盈余管理水平越高，表明上市公司盈余管理水平并不会随着分析师跟踪人数增多而得到改善。

## 第六节　企业避税行为影响因素的相关研究

### 一、企业避税行为的内部影响因素

（一）公司治理与企业避税行为

公司治理被认为是影响企业避税行为决策的重要途径，相关研究从股权结构、公司治理结构特征、高管薪酬激励计划等证实了其对企业避税行为的影响。

股权结构会影响企业的避税。所有权高度集中的家族企业会表现得对风险更加敏感，同时更高的非税成本也使得其在避税行为选择上更加地保守（Chen等，2010）。传统的代理理论认为，管理者必须尽一切努力使得企业价值最大化（Jensen和Meckling，1976）。一旦投资者发现管理者的行为不利于企业价值最大化，他们就会试图改变企业的政策或者直接更换管理者。然而，在双重股权结构的企业里，投票权被内部人把持，所有权和控制权的高度分离使得管理者被更替换掉的风险较低，管理者会避免实施高成本的避税行为（McGuire等，2014）。机构投资者持股同样会影响企业的避税水平。一方面，机构投资者有助于提高公司信息透明度，缓解代理冲突。蔡宏标和饶品贵（2015）、李昊洋等（2018）分别从静态和动态视角验证了机构投资者在提升公司信息披露水平、抑制管理层自利行为和降低企业避税水平方面的作用。另一方面，机构投资者会通过"用脚投票"给管理层施加压力，比如Khan等（2017）和Chen等（2019c）的研究通过使用进入罗素1000/2000指数这一外生事件为情境，发现机构投资者持股比例的上升会带来企业避税水平的提高。

内部治理会影响企业的避税水平。委托代理关系会给企业带来避税的非税成本。为避免被税收监管当局察觉，公司往往通过复杂不透明的交易作掩护，而这又给管理层的机会主义提供了机会和条件（陈冬和唐建新，2012）。良好的公司内部治理机制，如拥有更高比例的外部董事和独立的内部审计委员会等都会抑制企业避税水平（Armstrong等，2015；Lanis和Richardson，2011；Richardson等，2013）。相反，有内部控制缺陷的公司避税水平更高（Bauer，2016；Gallemore和Labro，2015；陈骏和徐玉德，2015；李万福和陈晖丽，2012）。

高管薪酬计划会影响企业的避税水平。如果高管的薪酬同时保证了管理者和股东的利益，那么高管就会选择帮助股东通过避税实现企业价值最大化，然而现有的研究并未得到一致的结论。Phillips（2003）和Armstrong等（2012）发现基于税后利润的CEO薪酬计划与企业避税水平无关，但Gaertner（2014）的研究却发现企业通常会给予基于税后利润薪酬计划的管理者一定的风险溢价补偿，这又使得CEO的薪酬与企业避税水平正相关。另一种基于股权激励计划的薪酬同样可能会引诱管理者实施更加激进的避税策略（Armstrong等，2015；Rego和Wilson，2012）。

（二）企业及高管特征与企业避税行为

早期企业内部特征因素的影响主要考察了企业规模、经营策略和产业分类等的影响（Lisowsky，2010；Rego，2003；Wilson，2009），近些年的研究开始关注降低代理冲突的公司治理特征的影响。尽管大公司可能面临更严厉的监管，但是它们拥有更多的资源和更强的经济动机去实施避税。Higgins等（2015）的研究发现由于"探矿者"（prospectors）类型的企业对于风险承受能力更高，勇于尝试和创新，因此这类企业的避税水平也更高。与此相反，"防御者"（defender）类型的企业在经营风格上更加循规蹈矩，更不愿意实施激进的避税策略。而对于跨国企业来说，由于其可以将虚构的贸易转移到"避税天堂"，这使得这类企业有更多的避税机会（Hope等，2013；Rego，2003）。

高管的个人特征会影响企业的避税水平。高阶梯队理论认为，管理者特质影响着他们的战略选择，并进而影响企业的行为。Dyreng等（2010）通过追踪908位美国上市公司高管的跳槽行为，验证了高管特征对企业避税行为的解释力。从军经历、拥有政治身份、独立董事的税收征管经历都会抑制企业避税水平（Law和Mills，2017；李维安和徐业坤，2013；赵纯祥等，2019），而高管个人对税收的态度越激进、CEO越自恋和实际控制人拥有境外居留权等的企业税收规避激进程度越强（Chyz，2013；Olsen和Stekelberg，2016；张胜等，2016）。

## 二、企业避税行为的外部影响因素

企业避税行为决策会受到外部环境的影响，诸如政府干预、产品市场竞争环境和外部治理机制等都会对企业避税水平造成影响。

首先，新古典经济理论认为一个社会的法治体系，诸如各种法律、法规和社会价值观等都会影响到企业的行为，因此企业的税收会受到来自法律和公众的监督。曹越等（2017）的研究结果表明，随着环境规制强度的增加，公司整体税负、所得税税负与增值税税负均显著下降。其他的研究也验证了税法和各种法规、制度化水平、社会信任、国家产业政策支持、税收激励等对企业税负的抑制作用（Atwood等，2012；Desai等，2007；Hasan等，2017；Hoopes等，2012；Kubick等，2016；刘放等，2016；刘慧龙和吴联生，2014；张茵等，2017）。政府政策和制度安排固然重要，制度的有效执行也同等重要。国内相关研究以不同的政策变动为研究对象，证实了制度执行效果对企业避税的影响。一方面，政策不确定性和地方政府对企业所得税征管的执法不力会增加企业的税收规避行为（陈德球等，2016；范子英和田彬彬，2013；江轩宇，2013；张敏等，2018）；另一方面，地方政府换届和信息监管技术的改进等会提高税务机关的税收征管力度，抑制企业的税收激进程度（卢洪友和张楠，2016；张克中等，2020）。范子英和赵仁杰（2020）利用撤县设区的改革，进一步证实了地方政府征税努力与管辖范围内企业的实际税率的正向关联。

其次，外部市场会影响企业的避税水平。企业位于产业聚集区或处于产品市场领导者地位都会带来相应的避税效应（王永培和晏维龙，2014），而品牌价值越高的企业出于声誉的考虑更不会实施激进避税策略（Austin和Wilson，2017；Kubick等，2015）。当企业面临外部融资约束时，会考虑通过避税节省现金流（Edwards等，2015；

王亮亮，2016）。作为管理者，面对来自劳动力市场的压力，不得不通过激进的避税行为提高企业的价值（Kubick 和 Lockhart，2016；陈作华和方红星，2018）。

最后，外部治理机制会影响企业的避税水平。外部投资者通过自己的专业知识和经验可以有效地抑制管理层的寻租行为，从而降低企业的避税水平（Khurana 和 Moser，2013）。媒体对于企业偷税漏税等行为的报道，增大了管理层基于税收激进的机会主义成本，从而达到抑制避税的效果（刘笑霞和李明辉，2018；田高良等，2016）。税收机构和其他利益相关者也可以通过诸如企业子公司地址和收益等信息的披露了解并监督企业的纳税情况，抑制企业的避税行为（Dyreng 等，2016；Hope 等，2013）。但是，企业也可以通过披露社会责任信息等向地方政府寻租，促使地方政府"投桃报李"地对企业在税收执法上放松，从而帮助企业降低实际税负（邹萍，2018）。外部审计同样可能会对企业避税水平产生双向影响，高质量的审计会限制企业的激进避税行为，但如果企业通过购买税务服务等与事务所合谋，就会带来更高水平的避税（Davis 等，2016；Hoi 等，2013；Klassen 等，2016；McGuire 等，2012；金鑫和雷光勇，2011）。

社会网络结构会影响企业的避税水平。社会学的相关研究认为，具有共同社会特征的内部网络能够扭转联结人的正常道德规范，驱使两方向共同的利益方向靠拢。更强的董事会内部联结和更加紧密的客户-供应商关系会使得企业避税程度更高（Brown 和 Drake，2014；Cen 等，2017；Hope 等，2013；李成等，2016）。政治关联也会使得企业避税成本风险更低，更容易钻制度的漏洞，从而实施激进的避税策略（Kim 和 Zhang，2016；Lin 等，2018）。

## 第七节　文献总结和评述

结合前述研究回顾，可以发现诸多学者围绕内部控制质量、内部控制审计、非效率投资、盈余管理和避税行为等展开了研究，并得到了大量具有重要意义和价值的结论，为我们进一步挖掘研究问题和开展研究工作提供了很好的理论启发、借鉴和参考。

首先，目前国内外有关内部控制研究文献，更多的是从内部控制质量的角度出发，采用管理层披露的内部控制评价报告中的内部控制缺陷数量和类型，或者相关数据库的内部控制评级指数进行衡量。内部控制审计是由会计师事务所对企业内部控制设计和运行情况出具的鉴证报告，因此内部控制审计经济后果的研究是从第三方审计对公司内部控制和公司治理的影响的视角展开的。与丰富的内部控制质量经济后果的研究相比，内部控制审计经济后果尤其是对内部控制基本目标实现的影响的相关研究却比较缺乏，仅有的几篇文献主要从控股股东掏空、创新行为和盈余质量的单一的视角展开，尚未有一个较为系统的视角研究内部控制审计的经济后果。

其次，目前国内有关内部控制审计经济后果的文献，其研究背景大多设置在自愿性实施内部控制审计阶段，而上市公司对是否进行内部控制审计的决策存在样本选择性偏差，这可能会使得这类研究结果具有一定的内生性。相比之下，关注强制性内部控制制度的研究更加缺乏。目前国内外有关强制性内部控制审计的经济后果的研究，学术界的争论焦点在于其成本收益性：即强制性内部控制审计究竟是缓解了代理问题，强化了诉讼风险，降低了融资成本，提高了盈余质量等（"遵循收益说"）；还是会加重企业的审计负担等（"遵循成本说"）（王嘉鑫，2020）。由于我国的强制性内部控制制度是分类分批展开的，同时内部控制制度尚不属于法律范畴，而是一种企业管理制度，因此无论从执行力还是约束力可能都不及萨班斯法案，这项强制性内部控制审计制度的实施效果还亟需检验。

最后，目前有关企业非效率投资、盈余管理和避税行为影响因素的研究，多从企业及高管特征、公司治理、内部控制、信息披露水平等内部因素和政府干预、供应链关系、社会网络、产品市场竞争、外部治理机制等外部因素展开。而这其中有关外部治理机制之一的审计师对企业非效率投资、盈余管理和避税行为的影响，更多的研究从财务报告审计的角度考察，而有关在过程上保证财务报告可靠性的内部控制审计是如何对公司内部控制基本目标实现发挥效应的文献还比较缺乏。

第三章

# 理论基础、制度背景与框架构建

## 第一节　理论基础

### 一、委托代理理论

早在19世纪30年代，美国著名经济学家伯利（Berle）和米恩斯（Means）洞悉企业所有者兼为经营者的做法存在极大的弊端，提出了委托代理理论（Principal-Agent Theory）。该理论作为制度经济学契约理论的重要理论之一，倡导将企业所有权和控制权分离，即所有者仅保留对公司剩余价值的索取权，而把企业的经营权委托给职业经理人（管理者）掌握。Jensen和Meckling（1976）认为，代理问题本质上是一种契约关系，在这个契约下，一个或多个人作为委托方将若干决策权授予代理方。但是由于委托方和代理方的利益往往并不一致，这就会导致委托代理问题的存在。为了解决委托代理问题，企业可以采用"萝卜加大棒"的方式，即采用约束机制和激励机制并行的手段。约束机制是通过对企业经营管理的监督惩罚等来抑制管理层的机会主义行为。激励机制则指通过利用"利诱"的方法激励管理层为股东价值最大化或者企业价值最大化而努力，同时防止其为了私利而损害股东的利益。

代理问题作为两权分离的现代企业存在的基本问题，需要诸如有效的内部控制体系、完善的公司治理机制、高管薪酬激励机制以及分析师、媒体和审计师等来自企业内外部的监督来降低信息不对称，缓解代理冲突。其中，会计师事务所通过对企业内部控制设计与运行的有效性以及经营风险等方面审核，出具的内部控制审计报告可以降低不同信息使用者之间的信息不对称，帮助企业缓解委托代理问题。

## 二、信息不对称理论

根据契约理论，当交易一方相比另一方拥有更大的信息优势时，就会产生信息不对称。Akerlof（1970）在《柠檬市场：质量的不确定性和市场机制》中举了一个二手车市场的案例。在二手车市场中，卖家相比买家拥有更多有关二手车质量和性能等的信息，即买卖双方之间的信息是不对称的。卖家会利用自身的信息优势把低质量的二手车高价卖给买家，并从中牟利。对于存在委托–代理关系的企业来说，委托人并不参与企业的日常经营，这使得直接参与企业日常经营的职业经理人（代理人）拥有更多的信息优势，并利用信息优势谋取私利。信息不对称产生的原因主要有四个：其一，信息本身是不完整的。人类社会生产力的提高伴随着分工的不断演进，使得人们只能了解与自己从事的工作相关的世界，对别的产品往往只停留在使用上，因此和其生产者相比就存在信息的不对称。其二，交易者的知识是有限的，即交易者所拥有的和所能支配的资源的有限性决定了个体间对信息的认知和理解存在不对称。其三，信息的获得是有成本的，利用价格机制的成本给参与交易的人搜集信息设置了障碍。其四，信息优势方对信息具有垄断性，他们为了获得最大的经济收益而隐藏或提供虚假信息。从时空角度看，信息不对称可以分为事前信息不对称和事后信息不对称。事前信息不对称会导致"劣币驱逐良币"的逆向选择问题，造成市场失灵或无效率；而事后信息不对称则会导致隐藏信息或行为的道德风险问题。

具体到企业来说，会计信息不对称指的是企业各种信息使用者（比如所有者、投资者和政府监管部门等）与企业内部管理者和会计核算人员之间的信息不对称。因此，从参与比较的主体角度来看，企业的信息不对称包括内部信息不对称和外部信息不对称两类。内部信息不对称，是指企业内部管理者和会计核算人员之间的信息不对称。但由于企业内部会计核算人员往往受制于管理层，所以本书并不关注这类内部信息不对称。外部信息不对称则指的是企业所有者、投资者和政府监督部门等外部会计信息使用者与内部管理者之间的信息不对称。这类形式的信息不对称更常见，因此本书主要关注强制性内部控制审计是否可以通过缓解外部信息不对称实现治理效应。

## 三、审计需求理论

在我国目前的资本市场环境中，市场对审计的需求以代理理论和信息理论为主。审计需求的代理理论认为，审计的产生不是外部力量强制的结果，而是社会力量的选择所致，即审计师委托人和代理人的共同需求，其目的是降低委托代理关系中的代理成本。Jensen 和 Meckling（1976）认为，委托人并不能直接控制受托人的责任履行过程和会计报告的质量等所产生的高昂的内部代理成本，这促进了公司对外部监督或约束机制的内部需求。委托人通过独立的第三方审计实现对受托人的监督和控制，而受托人为了表明其履行情况并取信于委托人，也愿意接受独立审计的介入。内部控制审计通过对公司内部控制提供鉴证，监督代理人所提供的内部控制信息及其背后的经济行为，发现并抑制代理人机会主义行为，因而能成为公司缓解委托代理冲突和降低代理成本的重要机制之一。

审计需求的信息理论认为，之所以存在对审计的需求，是因为审计可以提高财务会计信息的可信度并提高管理层决策的有用性，同时可以通过信号传递实现资源的有效配置。解决信息不对称导致的逆向选择的一个重要方式就是信号传递。对于企业来说，面对激烈的资本市场竞争，向市场传递真实的内部控制信息以获得资本的青睐显得至关重要。通过聘请高质量的审计人员对企业内部控制报告定期审计，企业可以向资本市场传递内部控制等信息的可信性的信号，从而提升企业融资效率，缓解资本市场逆向选择问题。这样，审计尤其是高质量的审计就可以成为将高素质与低素质企业区分开来的信号显示机制。因此，基于审计需求的代理理论和信息理论，本书预期强制性内部控制审计的实施可以缓解代理冲突，降低信息不对称和实现资源有效配置等。

### 四、声誉机制理论

声誉是指声望和名誉，信息学理论认为声誉是一种信号标志，具有丰富的信息含量能够在一定程度上降低信息不对称的程度。所谓审计师声誉，是指由社会公众以及利益相关者，针对审计师或者会计师事务所的客观表现，做出的主观认知和评判，是审计师个人或会计师事务所客观价值的体现（王帆和张龙平，2012）。DeAngelo（1981）和Watkins等（2004）认为，审计师声誉是审计质量的基础。具体来说，审计师的专业胜任能力和审计师的独立性决定真实的审计质量。但由于信息不对称，市场感知或识别的审计师的专业胜任能力与独立性和审计师真实的专业胜任能力与独立性之间存在差异，此时，审计师声誉即为市场感知或评估的审计师的专业胜任能力与独立性。也就是说，审计质量包括两个维度：真实的审计质量（审计师监督强度）和市场感知的审计质量（审计师声誉）。审计质量的不同维度对应影响会计信息的不同层面：真实的审计质量影响信息质量，即会计信息反映真实经济状况的程度；审计师声誉主要体现了审计师的独立性和行业专业能力，其会影响信息可信度，即投资者对会计信息的信任程度。本书认为，在强制性内部控制审计的背景下，审计师受"深口袋"和"声誉机制"等的约束，会更深入、客观、全面地执行审计程序，并出具有一定威慑力和法律效力的内部控制审计报告（雷英等，

2013）。

## 第二节　国内外内部控制法规的发展历程

### 一、国外内部控制法规的发展历程

从欧美等发达国家市场经济的历史来看，企业内部控制法规经历了从松散到系统的发展历程。20世纪70年代一连串财务失败和可疑的商业行为相继爆发之后，国际社会上又出现了另一连串更为耸人听闻的以金融机构破产为代表的财务失败事件，给纳税人最终带来超过1 500亿美元的损失。但是，在事后调查中，人们却发现对于几乎所有的这些事件，审计师都没有发出预警信号，将近一半的案例公司都是由于内部控制不健全或失效导致的。面对接二连三的会计造假事件，美国国会反财务舞弊报告委员会的五个发起组织（美国注册会计师协会、美国会计协会、财务经理人协会、美国内部审计师协会和美国管理会计师协会）在1985年又成立了美国反虚假财务报告委员会下属的发起人委员会（COSO），专门探讨财务报告中的舞弊产生的原因，并寻找解决之道。

1992年，COSO在对公司行政总裁、其他高级执行官、董事、立法部门和监管部门的内部控制进行高度概括后，发布了一份关于内部控制的纲领性文件——《内部控制——整合框架》报告，即通称的COSO报告。该报告对内部控制作了如下定义："内部控制是由董事会、管理当局和其他职员实施的一个过程，旨在为如下三类目标的实现提供合理保证：经营效果和效率；财务报告的可靠性；遵循适用的法律和法规。"为了实现内部控制的有效性，为上述三类目标提供保证，需要如下五个要素的支持：控制环境、风险评估、控制活动、信息和沟通、监督。

2001年12月，美国最大的能源公司安然公司，突然申请破产保护，此后，公司丑闻不断。特别是2002年6月的世界通信会计丑闻事件，彻底打击了美国投资者对美国资本市场的信心。为了督促公司遵守证券法律、提高披露的准确性和真实性，从而保护投资者的利益，美国国会加速通过了《萨班斯-奥克斯利法案》（简称萨班斯法案或SOX法案）。该法案明确了公司管理者（包括首席执行官CEO和首席财务官CFO）对内部控制负直接责任，并承担经济及刑事后果，并大幅度提高了对会计舞弊事件的处罚力度。根据萨班斯法案404条款以及美国证券交易委员会（SEC）的相应实施标准，要求公众公司的管理层评估和报告公司最近年度的财务报告的内部控制的有效性。2004年3月9日，PCAOB发布了其第2号审计标准："与财务报表审计相关的针对财务报告的内部控制的审计"，并于6月18日经SEC批准。这些法案的出台，进一步强化了内部审计、外部审计及审计监管的作用。与此同时，诸如加拿大、英国和日本等其他国家也针对国情制定了相应的"萨班斯法案"。

**二、国内内部控制法规的发展历程**

根据方红星（2012）的研究，我国的内部控制法规的发展大致经历了如下四个阶段。

第一阶段为在审计准则中对内部控制加以规定。为了规范注册会计师在会计报表审计中研究与评价被审计单位的内部控制，评估审计风险，提高审计效率，保证执业质量，中注协在1996年发布了《独立审计具体准则第9号——内部控制与审计风险》。

第二阶段为在一些特殊行业率先制定和实施相关的内部控制规范。一些特殊行业，例如金融业和国家所有的垄断行业，由于其涉及重大民生利益，相关监管机构针对行业特征出台了各自的内部控制规范。中国人民银行在1997年印发的《加强金融机构内部控制的指导原则》中指出，各金融机构必须建立科学完善的内部控制制度，有效防范金融风险，保证金融业安全稳健运行；为了引导证券公司规范经营，增强证券公司的自我约束能力，防范和化解金融风险，中国证券监督管理委员会于2001年发布了《证券公司内部控制指引》；2002年，中国人民银行又针对商业银行的经营目标和行业特征，发布了《商业银行内部控制指引》，以促进商业银行建立和健全内部控制，防范金融风险，保障银行体系安全稳健运行；为规范中央企业发展战略和规划的编制与管理工作，提高企业发展战略和规划的科学性和民主性，依法履行出资人职责，国务院国有资产监督管理委员会于2004年发布了《中央企业发展战略和规划管理办法》；为规范和加强对商业银行内部控制的评价，中国银行业监督管理委员会于2004年颁布了《商业银行内部控制评价试行方法》，督促其进一步建立健全内部控制体系，为全面风险管理体系的建立奠定基础，保证商业银行安全稳健运行。

第三阶段为上市公司内部控制规范初步建立。为全面深入贯彻落实《国务院关于推进资本市场改革开放和稳定发展的若干意见》，中国证券监督管理委员会发布了《关于提高上市公司质量的意见》，以切实保护投资者的合法权益，促进资本市场持续健康发展。对此，国务院于2005年10月18日以国发〔2005〕34号文件加以批转，其中专门对上市公司建立健全内部控制制度并进行相关信息披露提出了明确的要求，从国家政策层面要求上市公司加强内部控制制度建设。为此，上海证券交易所结合新修订的《公司法》和《证券法》，于2006年6月5日发布了《上海证券交易所上市公司内部控制指引》，要求上市公司于2006年7月1日起在披露年度报告的同时，披露年度内部控制自我评估报告，并披露会计师事务所对内部控制自我评估报告的核实评价意见；深圳证券交易所也于 2006 年 9 月 28 日发布了《深圳证券交易所上市公司内部控制指引》（自 2007 年 7 月 1 日起施行），要求上市公司在年度报告中披露内部控制自我评价报告和注册会计师对其财务报告内部控制情况出具的评价意见。

第四阶段为内部控制规范体系的发布和实施。为了加强和规范企业内部控制，提高企业经营管理水平和风险防范能力，促进企业可持续发展，维护社会主义市场经济秩序和社会公众利益，财政部会同证监会、审计署、银监会、保监会于 2008 年 5 月 22 日印发了《企业内部控制基本规范》（以下简称《基本规范》），要求自 2009 年 7 月 1 日起在上市公司范围内施行，并鼓励非上市的大中型企业执行。2010 年 4 月 15 日，财政部等五部委联合发布了《企业内部控制配套指引》，要求上市公司对本公司内部控制的有效性进行自我评价，披露年度自我评价报告，并可聘请会计师事务所对内部控制的有效性进行审计，这标志着我国内部控制规范体系的建立。该规范体系自 2011 年 1 月起首先在境内外同时上市的公司实施，自 2012 年扩大到上海证券交易所和深圳证券交易所主板上市公司实施。基本规范是内部控制体系的最高层次，起统驭作用，是制定应用指引、评价指引、审计指引和企业内部控制制度的基本依据。

有关上市公司内部控制信息披露要求也大致经历了两个阶段。在《基本规范》颁布后，上交所在《关于做好上市公司 2008 年年度报告工作的通知》中，要求在"上证公司治理板块"的公司必须披露内部控制自我评价报告，鼓励其他公司披露内部控制自我评价报告；鼓励上市公司披露内部控制鉴证报告。与此同时，深交所也在《关于做好上市公司 2008 年年度报告工作的通知》中，要求深市主板上市公司必须披露内部控制自我评价报告，鼓励披露内部控制鉴证报告；而对于中小板上市公司，则必须披露内部控制自我评价报告，并且至少每两年对财务报告相关的内部控制有效性出具鉴证报告。综上，在这个阶段，只有部分上市公司被要求强制性披露内部控制自我评价报告，但内部控制鉴证报告均为自愿披露。

2012年，为进一步确保内部控制体系建设落到实处、取得实效，防止出现走过场情况，素有"中国版萨班斯法案"（C-SOX）之称的《分类分批实施通知》出台。其中，"总体要求"中规定，自2012年开始，全部A股主板上市企业应全面推进内部控制体系建设，这标志着我国主板市场正式进入强制性内部控制审计阶段。具体分"三步走"：中央和地方国有控股上市公司于2012年全面实施企业内部控制规范体系；符合一定条件的（企业总市值于2011年12月31日在50亿元以上，且2009—2011年的三年平均净利润在3 000万元以上）非国有控股上市公司于2013年实施；其他主板上市公司于2014年实施。与此同时，创业板上市公司自2015年起，不再要求每两年出具一次内部控制鉴证报告。

## 第三节　整体框架概述

### 一、强制性内部控制审计发挥治理效应的机理

新制度经济学认为，制度的有效执行需要有相应的奖惩机制作保障，而审计监督就是一种有效的惩罚机制。与财务报告审计相比，内部控制审计的重点从财务报告本身的可靠性转移到对保证财务报告可靠性机制的建设上，也就是通过过程的有效保证结果的有效。本书认为，强制性内部控制审计实现治理效应主要通过内部控制审计的鉴

证、监督和信号三种功能体现出来。我国的内部控制监管制度经历了由诱致性变迁阶段（自愿性披露）到强制性变迁阶段（强制性披露），企业面临监管方和资本市场的双重约束，进一步促进内部控制审计功能的发挥（林钟高和丁茂桓，2017）。

（一）鉴证功能

随着股份有限公司的出现，企业的所有权和经营权进一步分离。不直接参与公司经营管理的股东为了保护自身的利益，需要通过经独立第三方审计师审计过的财务报告和内部控制报告来了解公司的财务状况和内部控制设计和运行的状况。因此，内部控制审计，主要通过审计师对被审计单位内部控制设计和运行状况进行鉴证，股东依据经审计后的内部控制报告，全面评价管理层的职责履行状况以对企业相关重大事项做出有效决策（舒惠好，2021），这会抑制管理层的自利行为，缓解代理冲突。同时，审计师可以帮助企业识别内部控制问题加以改进，并提供最佳实践建议，使管理者能够做出更好的决策（Imdieke 等，2022），督促被审计单位内部控制水平的提升，促进内部控制目标的实现。

（二）监督功能

审计需求的代理理论认为，内部控制审计通过对公司内部控制提供鉴证，监督代理人所提供的内部控制信息及其背后的经济行为，发现并抑制代理人机会主义行为，因而能成为公司缓解委托代理冲突和降低代理成本的重要机制之一。内部控制审计指引第四条第二款规定，注册会计师应当对财务报告内部控制的有效性发表审计意见，并对内部控制审计过程中注意到的非财务报告内部控制的重大缺陷，在内部控制审计报告中增加"非财务报告内部控制重大缺陷描述段"予以披露。因而，内部控制审计的监督功能，主要是指审计师通过到被审计单位执行具体审计流程，就识别的内部控制缺陷与被审计单位进行沟通，对被审计单位的内部控制设计和运行的状况发表审计意见，通过包括资本市场、审计师和监管部门等在内的外部监督督促被审计单位内部控制水平的提升，促进内部控制目标的实现。

（三）信号功能

审计需求的信息理论认为，企业通过聘请高质量的审计人员对企业财务报告和内部控制报告定期审计，可以向资本市场传递财务状况、内部控制等信息的可信性的信号。由于财务报告和内部控制报告的使用者（利益相关者）在公开可获得信息与不可获得信息间存在差异，审计报告的沟通价值和信息含量成为审计功能得以有效发挥的关键环节（Coram 等，2011；DeFond 和 Zhang，2014）。因此，内部控制审计的信号功能，主要通过注册会计师披露企业内部控制设计及运行有效性的审计意见向市场传递信息，缓解财务报告使用者间的信息不对称，提升企业投融资效率，缓解资本市场逆向选择等问题，促进内部控制目标的实现。

## 二、强制性内部控制审计的治理效应整合框架

1992 年 9 月，COSO 发布了著名的《内部控制——整合框架》，其中内部控制被定义为一个过程，并需要组织中各个层级人员均参与其中，从而确保企业所设定的发展目标得以顺利实现，这其中贯穿着内部控制的三大基本目标：（1）经营目标，与主体资源利用的有效性与效率有关；（2）财务报告目标，与编制可靠的公开财务报表有关；（3）合规目标，与主体遵循适用的法律和法规有关。随后，美国于 2002 年颁布萨班斯法案，强调了影响财务报告可靠性的内部控制。我国财政部等五部委颁布的《企业内部控制基本规范》也正是基于 COSO 框架，将内部控制定义为由企业董事会、监事会、经理层和全体员工实施的、旨在实现控制目标的过程，并认为内部控制的目标是

合理保证企业经营管理合法合规、资产安全、财务报告及相关信息真实完整，提高经营效率和效果，促进企业实现发展战略。其中，经营目标是内部控制的核心目标，报告目标是经营目标实施的体现与反映，合规目标是经营目标实现所遵循的前提条件。综合上述的COSO《内部控制——整合框架》和我国的《企业内部控制基本规范》来看，中美内部控制框架都强调了经营目标、财务报告目标和合规目标的重要性。

强制性内部控制审计作为一项重要的公司治理机制，能够从缓解公司代理问题的鉴证机制、提升公司内部控制设计及运行水平的监督机制和降低信息不对称程度的信号机制等方面发挥治理效应（Datar等，1991；Jensen和Meckling，1976；张鸣等，2012）。在整个内部控制规范体系中，《企业内部控制基本规范》是"纲"，是制定应用指引、评价指引、审计指引和企业内部控制制度的基本依据。因此，《企业内部控制基本规范》中有关内部控制经营目标、财务报告目标和合规目标的要求也是企业内部控制评价和审计制度的基本依据，本书的研究也重点从这三个目标的角度对强制性内部控制审计的治理效应展开研究。

首先，内部控制制度的基本目标之一要求合理保证企业实现其经营目标，即保证企业经营的效率和效果。方红星和金玉娜（2013）认为，投资效率的高低会直接影响到经营目标的实现，过度投资将导致公司资源的高投入无法得到补偿，而投资不足将导致公司投资机会的浪费，资源大量闲置，两种类型的非效率投资都会使得企业偏离最优的经营效率。因此，本书选取非效率投资来考察强制性内部控制审计的实施对经营目标实现发挥的作用。在进一步分析中，本书还考虑使用企业经营绩效作为经营目标实现的替代指标。

其次，无论是SOX法案，还是我国的C-SOX法案，蕴含在其中的一个重要的目标就是期望通过一系列制度安排的内部控制来确保财务报告及相关信息的真实完整，它是经营目标实施的体现与反映。同时，内部控制的重要控制活动之一也是对财务报告的控制，这意味着内部控制不仅仅对财务报告的可靠性产生影响，而且与财务报表的生成过程密切相关。孙光国和杨金凤（2012）对学术界有关盈余质量的研究总结发现，无论是基于经济收益观、决策有用观、现金流观、盈余管理观还是盈余特征观，盈余质量都与财务报告质量之间存在高度的相关性，即盈余管理水平的高低会直接反映在财务报告信息质量上。同时，随着近年来投资者保护制度和各种法律法规制度的完善，管理层逐渐选择转向更加隐蔽的真实盈余管理。本书从真实盈余管理的视角考察强制性内部控制审计对财务报告目标实现发挥的效应。

最后，合规目标是经营目标实现所遵循的前提条件，其要求保证企业在国家法律和法规允许的范围内开展经营活动。陈骏和徐玉德（2015）认为遵循国家税收法规贯穿企业生产经营的方方面面，是实现合规目标的一项重要内容。从法理学的角度来看，避税虽然在形式上合乎税收法律规定，但在实质上是有违税法精神和立法宗旨的"脱法行为"（肖太寿，2012）。近年来，国家及地方的相关政策法规也将监管的重点转向了企业的逃避税行为。同时，企业激进避税水平越高，背离税法宗旨的程度以及可能性越大，相应地违反税收法律、法规的风险也会越高（陈作华和方红星，2018）。因此，从这个角度来看，无论是企业合法的避税行为还是非法的逃税行为，都是有违内部控制的合规目标的。综上，本书从避税行为的视角考察强制性内部控制审计对合规目标实现发挥的效应，并在进一步分析中考虑使用企业诉讼风险和企业违规作为合规目标实现的替代指标①。

相关文献也证实了强制性内部控制审计对改进企业治理水平的作用（王嘉鑫，2020）。在披露管制的政策实施背景下，所有符合条件的公司须按照统一的标准执行强制性内部控制审计。被强制性要求披露的企业遵循性更好，政策的监督作用更强。同时，在强制性内部控制审计的情况下，审计师会受到来自监管方的压力，由于受到"深口袋"和"声誉机制"的约束，其风险意识更强，出具的鉴证报告保证水平更高，并具有一定的威慑力和法律效力（雷英等，2013；张国清和马威伟，2020）。因而，本书认为强制性内部控制审计作为一项重要的市场监管制度可以从三个方面对内部控制三大基本目标发挥治理效应：第一，提高经营管理的效果与效率。更加完善的内部控制体系会帮助企业管理层做出最优的经营策略，降低非效率投资等无效损耗。第二，提升财务报告质量。在内部控制审计过程中，审计师通过控制测试等程序识别内部控制缺陷，并按照严重性水平将内部控制缺陷划分为与财务报告有关的一般缺陷、重要缺陷与重大缺陷并加以披露。这会提高财务报告的透明度，缓解委托人和代理人间信息不对称问题，压缩管理层操纵盈余的空间（Bedard 和 Graham，2011）。第三，降低违规发生率。在内部控制审计的框架下，企业内部治理机制和外部监督（如注册会计师审计）等共同发挥作用，敦促企业与外部的税收征管机关保持良好沟通，权衡各利益相关者的诉求，缓解企业的代理问题，抑制代理人诸如激进避税的机会主义行为。

基于如上制度背景和已有文献对强制性内部控制审计治理效应的研究，本书构建了一个强制性内部控制审计治理效应的整合框架，如

---

① 表外描述性统计结果显示诉讼风险指标 *LITIAMOUNT* 在 75 分位上依旧为 0，仅有 6.72% 的样本企业有过违规行为，这说明如果使用诉讼风险和企业违规指标来衡量企业内部控制合规目标实现水平可能并不能很好区分样本企业的差异。因此在主回归分析中，我们采用避税水平 *ETR* 来衡量企业内部控制合规目标实现水平。

图3-1所示。首先，本书研究内容的选取基于内部控制三大基本目标（经营目标、财务报告目标和合规目标）展开，分别将企业与这三大基本目标相关的行为（非效率投资、真实盈余管理和避税行为）作为研究对象，以委托代理理论、信息不对称理论、审计需求理论和声誉机制理论等为理论基础，形成本书研究的主体框架——强制性内部控制审计的治理效应。

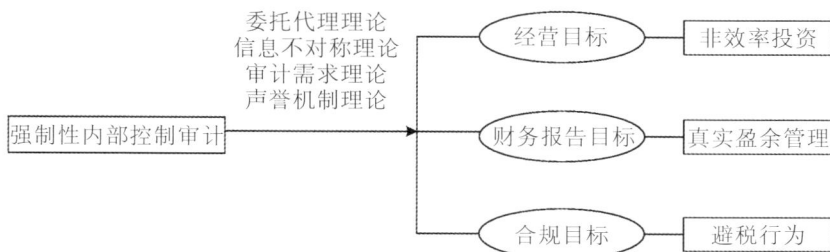

图3-1  强制性内部控制审计治理效应的整合框架

### 三、强制性内部控制审计对企业非效率投资行为的影响

在披露管制的政策实施背景下，所有符合条件的公司须按照统一的标准执行强制性内部控制审计。被纳入强制性披露范围的企业须严格遵循相关规定，及时对外披露董事会对公司内部控制的自我评价报告以及注册会计师出具的财务报告内部控制审计报告。因而，强制性内部控制审计的实施有助于发现企业在内部控制设计及运行过程中存在的缺陷，缓解内部控制自我评价报告可能存在的内部视角约束和选择性披露等问题，向市场传递更为准确而全面的企业内部控制运行状况信息。同时，在披露管制的政策实施背景下，企业面临来自监管方和资本市场的双重约束，而审计师由于受到"深口袋"和"声誉机制"的约束，其风险意识也更强，出具的内部控制审计报告保证水平更高，并具有一定的威慑力和法律效力。

综上所述，强制性内部控制审计的实施有助于企业完善内部控制制度，实现内部控制审计鉴证、监督和信号功能，发挥内部控制审计对内部控制目标实现的治理效应。本书认为强制性内部控制审计作为一项重要的监管制度，能够从如下三个方面发挥治理机制，约束企业的非效率投资：其一，股东可以依据经审计后的内部控制报告评判管理层受托责任履行情况，有助于缓解代理问题，塑造和培育有效的内部控制文化和控制环境，提升管理层预防和及时发现投资过程中的问题的能力，减少非效率投资行为的发生，发挥强制性内部控制审计对企业非效率投资的鉴证功能；其二，企业披露内部控制审计报告会面临来自监管部门、资本市场和审计师等的压力，这督促企业平衡各利益相关者的关系，压缩管理层通过非效率投资攫取私有利益的空间，发挥强制性内部控制审计对企业非效率投资的监督功能；其三，相比管理层出具的内部控制评价报告，经第三方鉴证的内部控制审计报告更客观全面，有助于外部人了解企业内部控制设计和运行的状况，降低外部人的信息不对称，使投资者能够了解到更加真实的企业盈利能力和成长机会等信息，降低因公司融资成本过高而被迫放弃好的投资项目的可能性（李万福等，2011），发挥强制性内部控制审计对企业非效率投资的信号功能。

## 四、强制性内部控制审计对企业真实盈余管理的影响

在披露管制的政策实施背景下，所有符合条件的公司须按照统一的标准执行强制性内部控制审计。被纳入强制性披露范围的企业须严格遵循相关规定，及时对外披露董事会对公司内部控制的自我评价报告以及注册会计师出具的财务报告内部控制审计报告。因而，强制性内部控制审计的实施有助于发现企业在内部控制设计及运行过程中存在的缺陷，缓解内部控制自我评价报告可能存在的内部视角约束和选

择性披露等问题，向市场传递更为准确而全面的企业内部控制运行状况信息。同时，在披露管制的政策实施背景下，企业面临来自监管方和资本市场的双重约束，而审计师由于受到"深口袋"和"声誉机制"的约束，其风险意识也更强，出具的内部控制审计报告保证水平更高，并具有一定的威慑力和法律效力。综上，强制性内部控制审计的实施有助于企业完善内部控制制度，实现内部控制审计鉴证、监督和信号功能，发挥内部控制审计对内部控制目标实现的治理效应。因而，强制性内部控制审计作为一项重要的市场监管制度，能够从如下三个方面发挥治理机制，约束企业的真实盈余管理。

其一，股东可以依据经审计后的内部控制报告评判管理层受托责任履行情况，有助于缓解委托人和代理人间的代理问题，提高信息传递与沟通的效率，压缩管理层操纵盈余的空间，发挥强制性内部控制审计对企业真实盈余管理的鉴证功能。

其二，来自监管部门、资本市场和审计师等的压力可以督促企业及时发现经营过程中发生的主观故意和非主观故意性估计误差，塑造和培育有效的内部控制文化和控制环境，提高企业的盈余质量，发挥强制性内部控制审计对企业真实盈余管理的监督功能。

其三，相比管理层出具的内部控制评价报告，经第三方鉴证的内部控制审计报告更客观全面，能够有效帮助外部人发现企业与财务报告有关的一般缺陷、重要缺陷与重大缺陷，识别可能存在问题的异常交易，降低外部人的信息不对称，提高财务报告的透明度（刘启亮等，2013），发挥强制性内部控制审计对企业真实盈余管理的信号功能。

## 五、强制性内部控制审计对企业避税行为的影响

在披露管制的政策实施背景下，所有符合条件的公司须按照统一

的标准执行强制性内部控制审计。被纳入强制性披露范围的企业须严格遵循相关规定，及时对外披露董事会对公司内部控制的自我评价报告以及注册会计师出具的财务报告内部控制审计报告。因而，强制性内部控制审计的实施有助于发现企业在内部控制设计及运行过程中存在的缺陷，缓解内部控制自我评价报告可能存在的内部视角约束和选择性披露等问题，向市场传递更为准确而全面的企业内部控制运行状况信息。同时，在披露管制的政策实施背景下，企业面临来自监管方和资本市场的双重约束，而审计师由于受到"深口袋"和"声誉机制"的约束，其风险意识也更强，出具的内部控制审计报告保证水平更高，并具有一定的威慑力和法律效力。综上，强制性内部控制审计的实施有助于企业完善内部控制制度，实现内部控制审计鉴证、监督和信号功能，发挥内部控制审计对内部控制目标实现的治理效应。因而，本书认为强制性内部控制审计作为一项重要的市场监管制度，能够从如下三个方面发挥治理机制，约束企业的激进避税行为：其一，股东可以依据经审计后的内部控制报告评判管理层受托责任履行情况，有助于缓解委托人和代理人间的代理问题，塑造和培育有效的内部控制文化和控制环境，抑制经理人以攫取私利为目的的激进避税动机，发挥强制性内部控制审计对企业激进避税的鉴证功能；其二，来自外部监管部门、资本市场和审计师等的外部压力会督促企业平衡各利益相关者的关系，与企业外部的税收征管机关保持良好沟通，及时了解国家与地方税收政策变化（陈骏和徐玉德，2015），确保企业的经营活动服从国家有关法律法规、企业内部规章制度以及具体的经营方针和政策，抑制企业避税行为，发挥强制性内部控制审计对企业激进避税的监督功能；其三，相比管理层出具的内部控制评价报告，经第三方鉴证的内部控制审计报告更客观全面，使外部人能够了解到企业内部控制设计及运行状况、企业经营与财务状况等的信息，降低外部人的信息不对称，缓解企业的融资约束和资源受限等问题，降低企业通过税收节约弥补融资不足的动机（李万福和陈晖丽，2012），发挥强制性内部控制审计对企业激进避税的信号功能。

## 本章小结

本章首先对本研究中主要涉及的基础理论，包括委托代理理论、信息不对称理论、审计需求理论和声誉机制理论等进行了回顾，以明确本书的理论基础，然后对上述理论进行整合，并为后文的机理分析进行理论铺垫。其次，对国内外内部控制法规的发展历程进行了回顾。再次，从内部控制审计的鉴证、监督和信号功能阐述了强制性内部控制审计实现治理的机理。最后，围绕内部控制三大基本目标，构建了强制性内部控制审计的治理效应的整合框架，并分别具体阐述框架中强制性内部控制审计对非效率投资、真实盈余管理和避税行为的影响。

第四章

# 强制性内部控制审计与企业非效率投资
## ——基于经营目标视角

内部控制的经营目标要求保证企业经营的效率和效果，而投资效率的高低会直接影响到经营目标的实现（方红星和金玉娜，2013），故而本章主要从内部控制经营目标角度，分析强制性内部控制审计的实施对企业非效率投资的影响，并探讨企业注册地的制度环境和企业信息透明度是否会对强制性内部控制审计的实施与企业非效率投资之间的关系产生影响。在进一步分析中，本章还考虑使用企业经营绩效作为经营目标实现的替代指标。

无论是SOX法案，还是我国的C-SOX法案，均要求保证企业的经营效率和效果，提高企业价值，即实现内部控制的经营目标。主要证券市场均将对上市公司关于财务报告的内部控制审计作为法定要求，期望内部控制审计和财务报表审计分别在过程上和结果上保证财务报告的可靠性。外部审计作为公司外部治理机制之一，"是一个客观地获取和评价与经济活动和经济事项的认定有关的证据，以确认这些认定与既定标准之间的符合程度，并把审计结果传达给有利害关系的用户的系统过程"（美国会计学会审计基础概念委员会，1972）。已有大量文献证明了财务报表审计的治理效应，然而却缺少来自内部控制审计治理效应的证据，即外部审计在过程上保证财务报告的可靠性对企业内部控制基本目标的实现，特别是对经营目标的影响。此外，与萨班斯法案不同，我国的内部控制建设制度是与我国国情相关的，这就有可能使得之前有关萨班斯法案的研究在我国并不适用。首先，与萨班斯法案404条款"一刀切"的改革模式不同，我国的强制性内部控制审计制度是分类分批展开的，那么这一实施模式上的差异是否会影响到政策的实施效果还不得而知。其次，我国的强制性内部控制审计制度并不属于法律范畴，而是一种企业管理制度，因此无论是执行力还是约束力可能都不及萨班斯法案，这是否会弱化政策的实施效果也亟需检验。

在我国，高管滥用权力所导致的投资异化现象亦比比皆是，近年来的中央巡视组对国企的巡视工作，发现国企并购、采购和投资成了腐败问题的多发区，一些企业高管利用手中的权力通过重组改制、投资并购等活动获取大量个人私利[①]。从企业层面的微观视角来看，有效的投资构成公司成长的主要动因和未来现金流增长的重要基础，是企业价值增加的根本所在。从地区和国家层面的宏观视角来看，投资与消费、出口作为拉动经济增长的三驾马车，会推动宏观经济的发展（李万福等，2011）。因此，在如此的理论和现实背景下，探究强制性内部控制审计的实施对公司投资行为的影响成为检验我国"萨班斯法案"实施效果的一个重要研究方向。

## 第一节　理论分析与假设提出

### 一、强制性内部控制审计与企业非效率投资

委托代理理论认为，在所有权与经营权分离的现代化公司制度中，管理层往往掌握着更多有关公司投资项目的信息，并且对公司资源配置及投资行为拥有较大的话语权。股东和管理层利益目标的不一致促使管理层有实施非效率投资等机会主义行为为自身谋取私利的动机。国外文献表明高管出于保护职业安全、个人声誉，谋取个人私利等动机，会利用手中的权力进行过度投资或投资不足等非效率投资行为。Narayanan（1985）的研究就发现，高管为了凸显自己在业内的职业声誉和地位，在自身权力较大而监督不到位时，倾向于把资本投向一些能够快速提升短期业绩的项目，而减少一些周期长、风险高的

---

① 信息来源：新华网，http://www.xinhuanet.com/politics/2015-09/17/c_128241161.htm。

投资，从而引致投资不足，给公司价值带来损害。接着，Stulz（1990）的研究发现，在股权分散的公司制度中，高管权力往往较大，他们拥有较高的社会地位，掌握着公司关键资源，能够从公司获取更多的控制权收益。因此，高管常常具有强烈的过度投资动机以构建自己的"商业帝国"。

根据以往的文献，导致投资不足的原因主要有信息不对称和代理问题。Myers 和 Majluf（1984）指出，由于信息不对称产生的逆向选择增加了市场的摩擦，内部经理人难以有效地向市场传递现有资产及投资机会的质量，导致即使有良好的投资机会，企业也无法以合理的资本成本筹集到足够的资金，从而不得不放弃 NPV 大于零的较好投资机会，引发投资不足。而当企业具有良好的内部控制体系时，以上由信息不对称或代理问题导致的投资不足现象可得到有效的抑制。关于投资过度，国内外学者研究表明，其主要是由于经理和股东之间的第一类代理问题以及控股股东与小股东之间的第二类代理问题引起的。而良好的内部控制亦可有效地减轻上述代理问题，抑制由此引发的过度投资。

无论是上述的过度投资还是投资不足，都会使企业偏离最优的经营效率。有效的内部控制制度能够对公司投资决策等行为加以控制，相关的研究也证实了企业内部控制对非效率投资的抑制作用。Biddle 和 Hilary（2006）以及 Cheng 等（2013）发现企业投资效率与内部控制质量正相关，内部控制质量越高，越能缓解代理冲突，并抑制非效率投资。方红星和金玉娜（2013）发现企业治理和内部控制能减少代理冲突、抑制企业非效率投资，并且分别对意愿性和操作性的非效率投资起到抑制作用。张超和刘星（2015）认为虽然我国企业内部控制信息可靠性不高，但是内部控制信息的披露能改善企业投资效率。李万福等（2011）发现，当企业很可能面临投资过度境况时，更低的内部控制质量加剧了该现象的发生；当企业很可能面临投资不足境况时，更低的内部控制质量同样加剧了投资不足现象的发生。张立民等（2017）的研究发现持续经营审计意见会抑制企业的投资过度行为，缓解投资不足，即持续经营审计意见对企业投资效率起到了良好的监督作用，能有效缓解代理冲突，优化资源配置效率，从而证明了财务报告审计对企业非效率投资的治理效应。

在披露管制的政策实施背景下，所有符合条件的公司须按照统一的标准执行强制性内部控制审计。被纳入强制性披露范围的企业须严格遵循相关规定，及时对外披露董事会对公司内部控制的自我评价报告以及注册会计师出具的财务报告内部控制审计报告。因而，强制性内部控制审计的实施有助于发现企业在内部控制设计及运行过程中存在的缺陷，缓解内部控制自我评价报告可能存在的内部视角约束和选择性披露等问题，向市场传递更为准确而全面的企业内部控制运行状况信息。同时，在披露管制的政策实施背景下，企业面临来自监管方和资本市场的双重约束，而审计师由于受到"深口袋"和"声誉机制"的约束，其风险意识也更强，出具的内部控制审计报告保证水平更高，并具有一定的威慑力和法律效力。综上，强制性内部控制审计的实施有助于企业完善内部控制制度，实现内部控制审计鉴证、监督和信号功能，发挥内部控制审计对内部控制目标实现的治理效应。本章认为强制性内部控制审计作为一项重要的监管制度，能够从如下三个方面发挥治理机制，约束企业的非效率投资：其一，股东可以依据经审计后的内部控制报告评判管理层受托责任履行情况，有助于缓解代理问题，塑造和培育有效的内部控制文化和控制环境，提升管理层预防和及时发现投资过程中的问题的能力，减少非效率投资行为的发生，发挥强制性内部控制审计对企业非效率投资的鉴证功能；其二，企业披露内部控制审计报告会面临来自监管部门、资本市场和审计师等的压力，这督促企业平衡各利益相关者的关系，压缩管理层通过非效率投资攫取私有利益的空间，发挥强制性内部控制审计对企业非效率投资的监督功能；其三，相比管理层出具的内部控制评价报告，经第三方鉴证的内部控制审计报告更客观全面，有助于外部人了解企业内部控制设计和运行的状况，降低外部人的信息不对称，使投资者能够了解到更加真实的企业盈利能力和成长机会等信息，降低因公司融资成本过高而被迫放弃好的投资项目的可能性（李万福等，2011），发挥强制性内部控制审计对企业非效率投资的信号功能。综上，本章认为，强制性内部控制审计的实施，有助于发挥外部审计对企业非效率投资行为的监督和治理效应，并提出假设4.1。

假设4.1：强制性内部控制审计的实施有助于抑制企业的非效率投资。

## 二、制度环境、强制性内部控制审计与企业非效率投资

中国是一个地域辽阔的国家，企业所处地区间发展不平衡，外部制度环境存在巨大差异，市场化程度也不尽相同。制度环境对交易成本和交易风险都具有重要影响，这使得企业在投资决策时，必须考虑制度环境的影响。接下来，本章拟从市场化水平和法治化水平两个方面考察制度环境对强制性内部控制审计抑制企业非效率投资这一治理效应的影响。对于市场化水平和法治化水平较低的地区，市场配置资源的基础作用比较差，企业会计信息披露不完善，再加上法律体系和投资者保护制度相对较弱，使得管理层能够利用手中的权力进行过度投资或投资不足等非效率投资行为（田利辉和张伟，2013）。此时，强制性内部控制审计对企业非效率投资的抑制作用有限。同时，市场化水平和法治化水平较低的地区往往伴随着更大程度的政府干预，导致企业出现政策性负担下的非效率投资的发生。相反，在法治化水平

较高的地区，法律监管体系较为完善，政府干预较少，投资者法律保护和公司治理水平更完善，有利于强制性内部控制审计对企业非效率投资的抑制效应的发挥（叶康涛等，2010）。与此同时，较高的市场化水平会促进行业良好竞争环境的形成，企业间信息流通更顺畅，强制性内部控制审计可以更加有效地发挥对企业因信息不对称等导致的非效率投资的监督作用（赵莉和张玲，2020）。因此，本章预期强制性内部控制审计的实施对企业非效率投资的抑制效应在地区制度环境（市场化水平和法治化水平）较好的地区更显著，并提出假设4.2。

假设4.2：地区制度环境（市场化水平和法治化水平）能增强强制性内部控制审计的实施对企业非效率投资的抑制效应。

### 三、信息透明度、强制性内部控制审计与企业非效率投资

根据假设4.1的理论分析，强制性内部控制审计的实施之所以能够抑制企业的非效率投资，一个重要原因在于其有助于降低外部人的信息不对称，改善企业的信息环境，降低由于逆向选择等导致的非效率投资行为的发生。当企业信息透明度较低时，管理层的代理行为处于不透明的状态，因而管理层有较强动机去隐藏自利行为（聂萍等，2020），且不易被外部监管机构发现。相反，企业信息透明度提高一方面会使得管理层能够预防和及时发现投资过程中的问题，降低非效率投资行为的发生；另一方面也有助于降低信息不对称，便于外部审计师及其他利益相关者的监督。已有的研究表明，在企业的外部信息环境中，机构投资者和分析师作为市场理性投资者的代表，被认为是有助于降低信息不对称的重要力量（吴战篪和李晓龙，2015）。因此，本章从机构投资者持股和分析师跟进两个视角考察信息透明度的调节影响，并提出假设4.3。

假设4.3：信息透明度（机构投资者持股和分析师跟进）能增强

强制性内部控制审计的实施对企业非效率投资的抑制效应。

## 第二节　研究设计

### 一、数据来源和样本选择

　　主板、中小板和创业板企业在诸如挂牌条件、交易制度、风险警示制度和投资主体要求等方面存在差异，因此在本章的主回归分析中仅以沪深两市 A 股主板非金融上市公司作为研究对象[①]。考虑到从 2007 年 1 月 1 日起，上市公司需执行实施的新会计准则，2007 年企业的经营活动可能会受到新会计准则发布的干扰，因此本章的样本区间设定从 2008 年开始。根据《分类分批实施通知》的要求，所有主板上市公司都必须在 2014 年之前披露年报的同时，披露董事会对公司内部控制的自我评价报告以及注册会计师出具的财务报告内部控制审计报告。同时，证监会与财政部于 2014 年发布 21 号文，明确要求披露内部控制评价报告的上市公司，在公布年度报告时，详细披露内部控制缺陷认定标准、内部控制缺陷及整改情况，以规范上市公司的内部控制信息披露行为。考虑到该制度的颁布使得内部控制评价报告披露的内容更为细化，可能会进一步提升企业内部控制设计及运行的质量，进而对本章的结论产生一定的影响，因此本章的样本数据截至 2014 年。综上，本章主回归分析采用的样本区间设定为 2008—2014 年[②]。首先，我们从 CSMAR 数据库获取了沪深两市 A 股主板非金融上市企业相关数据，总共有 9 746 个企业-年观测值。剔除在 2011 年率

---

[①]　为了保证结果的稳健性，在后续稳健性章节，我们还考虑加入中小板和创业板企业的样本。
[②]　为了保证结果的稳健性，在后续稳健性章节，我们还考虑加入中小板和创业板企业的样本并将样本扩展到 2018 年。

先执行强制性内部控制审计的境内外同时上市的企业，剔除无法判定企业执行内部控制审计年份的样本（包括无法判定企业所有权性质、净利润和市值是否达标）后，剩下9 389个企业-年观测值。接着，我们剔除561个非效率投资数据缺失的样本和805个其他控制变量数据缺失的样本，最后保留了8 023个企业-年观测值作为总样本，详见表4-1的Panel A。同时，为避免极端值的影响，本章对所有连续变量均在1%和99%分位进行缩尾处理。

表4-1的Panel B展示了按年划分的样本分布。观测值在样本区间2008—2014年间波动上升，从2008年的1 066个样本（13.29%）波动上升到2014年的1 170个样本（14.58%），符合中国资本市场发展的实际情况。在不考虑控制组和实验组的分组情况下，从总体上看，非效率投资水平在《分类分批实施通知》实施的第一年有了明显的下降，从2011年的0.0539下降到2012年的0.0475，但是还需后续单变量检验和回归分析的进一步检验。表4-1的Panel C展示了按证监会2012年发布的《上市公司行业分类指引》划分的行业样本分布，超过半数的观测值都来自制造业，这也与我国资本市场上市公司行业分布情况相符。其中，建筑业的非效率投资水平最低，科学研究和技术服务业的非效率投资水平最高。

表4-1 样本描述

| Panel A：样本选择过程 | |
| --- | --- |
| 2008—2014年沪深两市A股主板非金融上市公司 | 9 746 |
| 剔除无法判定执行年份和2011年率先执行的样本 | −357 |
| 剔除非效率投资数据缺失的样本 | −561 |
| 剔除控制变量数据缺失的样本 | −805 |
| 总样本 | 8 023 |

| Panel B：按年划分的样本分布 | | | |
|---|---|---|---|
| 年度 | 样本量 | 占比（%） | *INEFF* |
| 2008 | 1 066 | 13.29 | 0.0565 |
| 2009 | 1 095 | 13.65 | 0.0519 |
| 2010 | 1 083 | 13.50 | 0.0532 |
| 2011 | 1 156 | 14.41 | 0.0539 |
| 2012 | 1 239 | 15.44 | 0.0475 |
| 2013 | 1 214 | 15.13 | 0.0424 |
| 2014 | 1 170 | 14.58 | 0.0416 |
| 总样本 | 8 023 | 100 | 0.0494 |

| Panel C：按行业划分的样本分布 | | | |
|---|---|---|---|
| 行业 | 样本量 | 占比（%） | *INEFF* |
| 农、林、牧、渔业 | 110 | 1.37 | 0.0403 |
| 采矿业 | 310 | 3.86 | 0.0625 |
| 制造业 | 4 243 | 52.90 | 0.0468 |
| 电力、热力、燃气及水生产和供应业 | 496 | 6.19 | 0.0570 |
| 建筑业 | 196 | 2.44 | 0.0359 |
| 批发和零售业 | 719 | 8.96 | 0.0489 |
| 交通运输、仓储和邮政业 | 428 | 5.33 | 0.0582 |
| 住宿和餐饮业 | 53 | 0.66 | 0.0472 |
| 信息传输、软件和信息技术服务业 | 284 | 3.54 | 0.0540 |
| 房地产业 | 706 | 8.80 | 0.0416 |
| 租赁和商务服务业 | 94 | 1.17 | 0.0591 |
| 科学研究和技术服务业 | 38 | 0.47 | 0.0831 |
| 水利、环境和公共设施管理业 | 110 | 1.37 | 0.0572 |
| 文化、体育和娱乐业 | 105 | 1.31 | 0.0502 |
| 综合 | 131 | 1.63 | 0.0422 |
| 总样本 | 8 023 | 100 | 0.0494 |

## 二、模型设定

本章采用标准的政策评估方法——双重差分法检验强制性内部控制审计的实施对企业非效率投资的影响。我们以2012年颁布的《分类分批实施通知》为自然实验背景，这样的研究设定在解决内生性问题上具有如下优势：其一，上市公司作为政策实施主体几乎不会对强制性内部控制审计制度的设计和制定产生影响。同时，对于不同批次企业的划分是基于2009—2011年的历史数据，这很好地解决了样本选择的非随机性问题。其二，新政策对于研究样本企业来说是外生事件，并且是逐步推行的，可以找到相应的实验组和控制组。

以往文献中对非效率投资的计算主要可以分成两类：投资敏感性法和合理投资规模法。投资敏感性法使用投资现金流敏感性模型（FHP模型），该模型将股利支付率指标视作公司信息不对称程度的信号，并根据股利支付率对样本进行分组估计，当股利支付率越低时，投资现金敏感性越高，发生过度投资的可能性越高（Jensen，1986）。合理投资规模法使用Richardson（2006）的模型，该模型通过使用历史的投资规模和相关影响因素的数据进行回归，可以合理估计公司的预期投资水平，而模型中得出的残差即为非效率投资水平。然而，投资现金流敏感性模型对投资效率的解释并不清楚，因为投资对现金流的敏感程度既有可能是公司自由现金流充裕引发的过度投资，也有可能是由于公司融资约束导致的投资不足。因此，本章首先借鉴Richardson（2006）的研究并采用式（4.1）估计企业的预期投资水平：

$$INVEST_t = \beta_0 + \beta_1 GROWTH_{t-1} + \beta_2 LEV_{t-1} + \beta_3 CASH_{t-1} + \beta_4 AGE_{t-1} + \beta_5 SIZE_{t-1} + \beta_6 INVEST_{t-1} + \varepsilon_t \tag{4.1}$$

其中，因变量$INVEST_t$表示企业在第$t$年的投资水平，采用企业第t年的基于现金收付实现制原则和现金流量表信息度量的公司新增资本投资支出，等于从期初资产总额标准化后的投资活动的现金流中购置固定资产、无形资产及其他长期资产的现金与处置固定资产、无形资产和其他长期资产而收到的现金差额表示；$GROWTH_{t-1}$表示企业在第$t-1$年的营业收入增长率；$LEV_{t-1}$表示企业在第$t-1$年的财务杠杆水平，即企业上期末的负债总额与资产总额之比；$CASH_{t-1}$表示企业在第$t-1$年的持有现金比例，即企业上期持有的现金及现金等价物与总资产之比；$ACE_{t-1}$表示企业在第$t-1$年的成立年龄，即当前年度减去成立年度的自然对数；$SIZE_{t-1}$表示企业在第$t-1$年的规模大小，即企业上期末的资产总额的自然对数；$INVEST_{t-1}$表示企业在第$t-1$年的实际投资水平。我们根据式（4.1）进行分年度-行业回归，如果某一年度-行业的样本量小于5个，则剔除该年度-行业的所有观测值。回归残差的绝对值即表示企业在第$t$年的非效率投资水平$INEFF_t$，其中残差为正代表的是实际投资额大于预期投资额，即过度投资，用$OINV_t$表示；残差为负则代表的是实际投资额小于预期投资额，即投资不足，用$UINV_t$表示[①]。

为了检验假设4.1强制性内部控制审计的实施对企业非效率投资的影响，本章使用双重差分法构建OLS回归式（4.2）进行检验：

$$INEFF_t = \beta_0 + \beta_1 TREATPOST_t + Controls_t + Firm\ Year\ FE + \varepsilon_t \qquad (4.2)$$

其中，$INEFF_t$表示企业在第$t$年的非效率投资水平，为式（4.1）按行业年度回归的残差绝对值。由于我国强制性内部控制审计制度的实施具有分类分批性，本章借鉴王嘉鑫（2020）、Lennox 和 Wu（2021）的研究，使用较为广泛的多时点双重差分法，设置自变量$TREATPOST_t$区分实验组和控制组，并同时控制了制度实施年度。具体来说：对于主板上市的国有企业，2012年及以后$TREATPOST_t$为1，

---

① 我们在后续进一步分析中，将分别考虑强制内部控制审计的实施对投资过度和投资不足的影响。

2012年以前为0；对于符合市值和净利润条件的非国有主板上市公司，2013年及以后 *TREATPOST*, 为1，2013年以前为0；对于不符合条件的主板上市非国有企业，2014年 *TREATPOST*, 为1，2014年以前为0。*TREATPOST*, 前的回归系数 $\beta_1$ 反映强制性内部控制审计制度颁布前后实验组与控制组间的非效率投资水平差异，本章预期 $\beta_1$ 的系数为负。

*Controls*, 为一系列可能影响企业非效率投资水平的控制变量，主要包括：企业规模 *SIZE*,、企业投资机会 *TOBINQ*,、经营现金流情况 *FCF*,、盈利能力 *ROA*,、财务杠杆水平 *LEV*,、总资产周转率 *TURNOVER*,、股权集中度 *HLD*,、管理层持股比例 *MANAGER*,、独立董事比例 *INDEP*,、董事会规模 *BOARD*,、两职合一虚拟变量 *DUALITY*,。同时，我们还控制了企业和年度固定效应，并对标准误差在企业层面 Cluster 群聚调整，主要变量的定义详见表4-2。

表4-2                                    主要变量定义

| 变量种类 | 变量名称 | 计算方式 |
| --- | --- | --- |
| 被解释变量 | *INEFF*, | 企业在第 $t$ 年的非效率投资水平，式（4.1）按年度-行业回归残差的绝对值 |
| 解释变量 | *TREATPOST*, | 企业在第 $t$ 年及以后是否被强制性要求实施内部控制审计，是则为1，否则为0 |
| 控制变量 | *SIZE*, | 企业规模，等于总资产的自然对数 |
| | *TOBINQ*, | 企业在第 $t$ 年的投资机会，等于（股票总市值+债务账面价值）/总资产账面价值 |
| | *FCF*, | 企业在第 $t$ 年的经营现金流情况，等于经营活动现金净流量与期初总资产的比值 |
| | *ROA*, | 企业在第 $t$ 年的盈利能力，等于净利润／总资产 |
| | *LEV*, | 企业在第 $t$ 年的财务杠杆，等于企业资产总额除以负债总额 |

| 变量种类 | 变量名称 | 计算方式 |
|---|---|---|
| 控制变量 | $TURNOVER_t$ | 企业在第 $t$ 年的总资产周转率，等于营业收入与期末总资产的比值 |
| | $HLD_t$ | 企业在第 $t$ 年的股权集中度指标，等于企业第一大股东的持股比例 |
| | $MANAGER_t$ | 企业在第 $t$ 年的管理层持股比例 |
| | $INDEP_t$ | 企业在第 $t$ 年的独立董事比例 |
| | $BOARD_t$ | 企业在第 $t$ 年的董事会规模，等于董事会总人数 |
| | $DUALITY_t$ | 企业在第 $t$ 年的总经理与董事长两职设立的虚拟变量，如果总经理与董事长两职合一，则为1，否则为0 |
| 其他变量 | $INVEST_t$ | 企业在第 $t$ 年的投资，等于（购建固定资产、无形资产和其他长期资产支付的现金+取得子公司及其他营业单位支付的现金净额−处置固定资产、无形资产和其他长期资产收回的现金净额−处置子公司及其他营业单位收到的现金净额）/期初总资产 |
| | $GROWTH_t$ | 企业在第 $t$ 年的营业收入增长率 |
| | $CASH_t$ | 企业在第 $t$ 年的现金及现金等价物与总资产之比 |
| | $AGE_t$ | 企业成立年限的自然对数 |
| | $SOE_t$ | 企业在第 $t$ 年为国有企业则为1，否则为0 |
| | $MKT_t$ | 企业注册地在第 $t$ 年的市场化水平（数据来自王小鲁等（2019）提供的"地区市场化进程指数"） |
| | $LAW_t$ | 企业注册地在第 $t$ 年的法治化水平（数据来自王小鲁等（2019）提供的"市场中介组织的发育与法律制度环境指数"） |
| | $IO_t$ | 企业在第 $t$ 年的机构投资者的持股比例 |

| 变量种类 | 变量名称 | 计算方式 |
|---|---|---|
| 其他变量 | $FOLLOW_t$ | 企业在第$t$年的分析师跟进人数 |
| | $OINV_t$ | 企业在第$t$年的过度投资规模，式（4.1）回归残差为正的部分 |
| | $UINV_t$ | 企业在第$t$年的投资不足规模，式（4.1）回归残差为负的部分 |

在检验假设4.2时，本章分别在式（4.2）中加入$MKT_t$、$MKT_t*$ $TREATPOST_t$、$LAW_t$和$LAW_t*TREATPOST_t$考虑企业注册地所在地区的市场化水平和法治化水平对强制性内部控制审计与企业非效率投资关系的调节影响。其中，市场化水平$MKT_t$（地区市场化进程指数）是根据大量的统计和调查资料，按政府与市场的关系、非国有经济的发展、产品市场的发育程度、要素市场的发育程度以及市场中介发育和法律制度环境五个方面等权重合成；法治化水平$LAW_t$（市场中介组织的发育与法律制度环境指数）是综合考虑了市场中介组织的发育、维护市场的法治环境和知识产权保护三个方面的因素编制而成的指标。由此可见，地区市场化水平$MKT_t$综合地衡量了地区制度环境，而法治化水平$LAW_t$则从较为具体的角度衡量了地区制度环境。

在检验假设4.3时，本章借鉴Bushman等（2004）、吴战篪和李晓龙（2015）和聂萍等（2020）的研究，分别在式（4.2）中加入$IO_t$、$IO_t*TREATPOST_t$、$FOLLOW_t$和$FOLLOW_t*TREATPOST_t$考虑企业信息透明度（机构投资者持股和分析师跟进）对强制性内部控制审计与企业非效率投资关系的调节影响。

### 三、描述性统计

表4-3为主要变量的描述性统计。$INEFF$的最小值为0.0003，最

大值为 0.4170，标准差为 0.0601，表明样本企业的非效率投资水平存在较大差异。此外，*INEFF* 的均值大于中位数，表明非效率投资水平在全样本企业中呈现右偏分布。在控制变量方面，*LEV* 的均值为 0.5413，说明我国主板上市公司的资产负债率水平较高。

表 4-3 主要变量描述性统计

| 变量 | 样本数 | 平均值 | 标准差 | 最小值 | 中位数 | 最大值 |
|---|---|---|---|---|---|---|
| *INEFF* | 8 023 | 0.0494 | 0.0601 | 0.0003 | 0.0302 | 0.4170 |
| *TREATPOST* | 8 023 | 0.3683 | 0.4824 | 0.0000 | 0.0000 | 1.0000 |
| *SIZE* | 8 023 | 22.1515 | 1.3690 | 18.5865 | 22.0306 | 26.3819 |
| *TOBINQ* | 8 023 | 2.5527 | 1.5571 | 1.1310 | 2.0844 | 18.8660 |
| *FCF* | 8 023 | 0.0493 | 0.1037 | −0.3530 | 0.0457 | 0.5294 |
| *ROA* | 8 023 | 0.0286 | 0.0657 | −0.4813 | 0.0280 | 0.2257 |
| *LEV* | 8 023 | 0.5413 | 0.2243 | 0.0793 | 0.5429 | 1.9402 |
| *TURNOVER* | 8 023 | 0.6926 | 0.5244 | 0.0277 | 0.5715 | 3.1132 |
| *HLD* | 8 023 | 0.3578 | 0.1584 | 0.0641 | 0.3349 | 0.7889 |
| *MANAGER* | 8 023 | 0.0092 | 0.0464 | 0.0000 | 0.0000 | 0.4114 |
| *INDEP* | 8 023 | 0.3673 | 0.0525 | 0.2500 | 0.3333 | 0.5714 |
| *BOARD* | 8 023 | 9.1607 | 1.8646 | 5.0000 | 9.0000 | 15.0000 |
| *DUALITY* | 8 023 | 0.1326 | 0.3392 | 0.0000 | 0.0000 | 1.0000 |

## 四、相关性分析

表 4-4 列示了主要变量的相关性分析结果，其中上三角为 Spearman 相关系数，下三角为 Pearson 相关系数。我们可以看出，*INEFF* 和 *TREATPOST* 之间无论是 Spearman 还是 Pearson 系数均在 1% 水平上显著负相关，这表明它们两两之间存在一定的关联，不过这是未同时控制其他相关变量的两两相关分析结果，在后续研究之中会添加控制变量，从而对上述关系开展更为精确的回归分析。各主要变量的相关系数均较低，初步表明各变量间没有明显的多重共线性问题。

表4-4

相关性分析

| 变量 | (1) | (2) | (3) | (4) | (5) | (6) | (7) | (8) | (9) | (10) | (11) | (12) | (13) |
|---|---|---|---|---|---|---|---|---|---|---|---|---|---|
| 1—INEFF | — | -0.1163 | -0.0593 | 0.0138 | 0.0800 | 0.0843 | -0.0781 | -0.1012 | 0.0229 | 0.0136 | 0.0136 | 0.0092 | -0.0017 |
| 2—TREATPOST | -0.1068 | — | 0.2475 | -0.1052 | -0.0308 | -0.0585 | 0.0161 | -0.0177 | 0.0898 | -0.0080 | 0.0406 | 0.0120 | -0.0220 |
| 3—SIZE | -0.0525 | 0.2453 | — | -0.5086 | 0.0981 | 0.1175 | 0.2802 | 0.0080 | 0.3241 | 0.1067 | 0.0547 | 0.2537 | -0.1049 |
| 4—TOBINQ | 0.0618 | -0.0620 | -0.4800 | — | -0.0101 | 0.0624 | 0.0189 | 0.0503 | -0.2321 | -0.0332 | 0.0039 | -0.1305 | 0.0887 |
| 5—FCF | 0.1463 | -0.0331 | 0.0757 | -0.0191 | — | 0.3719 | -0.1728 | 0.1882 | 0.0960 | 0.0302 | -0.0497 | 0.0856 | -0.0360 |
| 6—ROA | 0.0639 | -0.0192 | 0.1637 | -0.0609 | 0.3165 | — | -0.3714 | 0.1635 | 0.1284 | 0.1296 | -0.0336 | 0.0397 | -0.0143 |
| 7—LEV | 0.0244 | -0.0081 | 0.1721 | 0.0950 | -0.1706 | -0.2116 | — | 0.0385 | 0.0359 | -0.0159 | 0.0024 | 0.0671 | -0.0303 |
| 8—TURNOVER | -0.0755 | -0.0170 | 0.0246 | -0.0055 | 0.1304 | 0.1154 | 0.0594 | — | 0.0793 | 0.0371 | -0.0363 | 0.0607 | -0.0349 |
| 9—HLD | 0.0409 | 0.0909 | 0.3457 | -0.1990 | 0.0910 | 0.1275 | 0.0056 | 0.0655 | — | -0.2352 | 0.0145 | 0.0489 | -0.1368 |
| 10—MANAGER | -0.0057 | -0.0040 | -0.0051 | 0.0126 | 0.0190 | 0.0533 | -0.0290 | 0.0118 | -0.1094 | — | -0.0224 | 0.0245 | 0.0709 |
| 11—INDEP | 0.0220 | 0.0387 | 0.0611 | 0.0413 | -0.0555 | -0.0261 | 0.0286 | -0.0391 | 0.0382 | 0.0168 | — | -0.3000 | 0.0209 |
| 12—BOARD | -0.0047 | 0.0204 | 0.2826 | -0.1211 | 0.0803 | 0.0361 | 0.0485 | 0.0370 | 0.0589 | -0.0447 | -0.3093 | — | -0.1241 |
| 13—DUALITY | 0.0089 | -0.0220 | -0.1052 | 0.0793 | -0.0340 | -0.0045 | -0.0175 | -0.0285 | -0.1322 | 0.1252 | 0.0335 | -0.1206 | — |

注：上三角为Spearman相关系数，下三角为Pearson相关系数。加粗的系数表示在1%、5%或者10%的水平上显著。

## 五、单变量检验分析

表4-5列示出实验组和控制组在强制性实施内部控制审计前后企业非效率投资水平的单变量差异检验结果。强制性实施内部控制审计之后的样本企业相比没有强制性实施内部控制审计以及强制性实施内部控制之前的样本企业，非效率投资水平更低。同时，组间的系数T检验和Z检验均显著，这也初步验证了强制性内部控制审计的实施有助于抑制企业的非效率投资水平。

表4-5 单变量检验分析

| 变量 | TREATPOST=0 （N=5 068） | | TREATPOST=1 （N=2 955） | | T检验 | Z检验 |
| --- | --- | --- | --- | --- | --- | --- |
| | 平均值 | 中位数 | 平均值 | 中位数 | | |
| INEFF | 0.0542 | 0.0334 | 0.0410 | 0.0259 | 0.0133*** | 0.0075*** |
| SIZE | 21.8951 | 21.8035 | 22.5913 | 22.4663 | −0.6962*** | −0.6628*** |
| TOBINQ | 2.6265 | 2.1553 | 2.4262 | 1.9954 | 0.2003*** | 0.1599*** |
| FCF | 0.0519 | 0.0466 | 0.0448 | 0.0441 | 0.0071*** | 0.0025 |
| ROA | 0.0296 | 0.0295 | 0.0270 | 0.0252 | 0.0026* | 0.0043*** |
| LEV | 0.5427 | 0.5413 | 0.5389 | 0.5478 | 0.0037 | −0.0065 |
| TURNOVER | 0.6994 | 0.5813 | 0.6809 | 0.5616 | 0.0185 | 0.0197* |
| HLD | 0.3468 | 0.3207 | 0.3767 | 0.3606 | −0.0298*** | −0.0399*** |
| MANAGER | 0.0093 | 0.0000 | 0.0089 | 0.0000 | 0.0004 | 0.0000*** |
| INDEP | 0.3658 | 0.3333 | 0.3700 | 0.3333 | −0.0042*** | 0.0000*** |
| BOARD | 9.1316 | 9.0000 | 9.2105 | 9.0000 | −0.0789* | 0.0000* |
| DUALITY | 0.1383 | 0.0000 | 0.1228 | 0.0000 | 0.0155** | 0.0000** |

## 第三节 实证结果与分析

### 一、强制性内部控制审计与企业非效率投资

表4-6展示了强制性内部控制审计的实施与企业非效率投资水平间的回归结果，其中第（1）列为不加入控制变量但控制年度和企业固定效应的回归结果，第（2）列为加入控制变量，并控制年度和企业固定效应的回归结果。在第（1）列中，$TREATPOST$ 和非效率投资 $INEFF$ 在1%的水平上显著为负（−0.0139，t=−4.31）。在加入了相关控制变量之后，如第（2）列所示，$TREATPOST$ 和非效率投资 $INEFF$ 依旧在1%的水平上显著为负（−0.0121，t=−3.96）。这说明强制性内部控制审计的实施抑制了企业非效率投资水平，假设4.1得到验证。

表4-6 强制性内部控制审计与企业非效率投资

| 变量 | （1） INEFF | （2） INEFF |
|---|---|---|
| $TREATPOST$ | −0.0139*** | −0.0121*** |
| | （−4.31） | （−3.96） |
| $SIZE$ | | 0.0168*** |
| | | （5.09） |
| $TOBINQ$ | | −0.0004 |
| | | （−0.48） |
| $FCF$ | | 0.0727*** |
| | | （6.05） |
| $ROA$ | | 0.1040*** |
| | | （5.75） |
| $LEV$ | | 0.0036 |
| | | （0.38） |

| 变量 | （1）<br>*INEFF* | （2）<br>*INEFF* |
|---|---|---|
| *TURNOVER* | | −0.0137*** |
| | | （−3.06） |
| *HLD* | | 0.0578*** |
| | | （2.75） |
| *MANAGER* | | 0.0709 |
| | | （0.91） |
| *INDEP* | | −0.0001 |
| | | （−0.01） |
| *BOARD* | | 0.0008 |
| | | （0.74） |
| *DUALITY* | | 0.0015 |
| | | （0.42） |
| *_CONS* | 0.0571*** | −0.3346*** |
| | （32.70） | （−4.65） |
| *YEAR FE* | YES | YES |
| *FIRM FE* | YES | YES |
| *N* | 8 023 | 8 023 |
| *Adj-R²* | 0.0147 | 0.0720 |

注：第（1）列表示在没有加入控制变量的情况下的回归结果，第（2）列表示加入控制变量后的回归结果；括号内数字为双尾检验的 t 值；标准误差经过企业层面 Cluster 群聚调整；***、**、*分别表示在1%、5%、10%水平上显著。

## 二、制度环境、强制性内部控制审计与企业非效率投资

本章参照王小鲁等（2019）编制的地区市场化进程指数和市场中介组织的发育与法律制度环境指数来测度企业注册地所在地区的市场化水平和法治化水平。*MKT* 和 *LAW* 越高，则表明该地区市场化水平和法治化水平越高。参考以往研究，我们对数据缺失的奇数年份采用

前后年取平均数的方法进行填充。

　　表4-7分别从市场化水平和法治化水平两个角度展示了制度环境对强制性内部控制审计的实施与企业非效率投资关系的调节效应。其中，第（1）列展示了市场化水平对强制性内部控制审计的实施与企业非效率投资关系的调节效应。交乘项 *TREATPOST\*MKT* 前的系数在5%的水平上显著为负（-0.0049，t=-2.08），这表明强制性内部控制审计的实施对企业非效率投资的抑制效应在市场化水平较高的地区更显著，从市场化水平的角度验证了假设4.2。第（2）列展示了法治化水平对强制性内部控制审计的实施与企业非效率投资关系的调节效应。交乘项 *TREATPOST\*LAW* 前的系数在1%的水平上显著为负（-0.0157，t=-3.31），这表明强制性内部控制审计的实施对企业非效率投资的抑制效应在法治化水平较高的地区更显著，从法治化水平的角度验证了假设4.2。

表4-7　　制度环境、强制性内部控制审计与企业非效率投资

| 变量 | （1） | （2） |
|---|---|---|
| | *INEFF* | *INEFF* |
| *TREATPOST* | -0.0238*** | 0.0004 |
| | （-3.03） | （1.05） |
| *MKT* | 0.0016 | |
| | （1.57） | |
| *TREATPOST\*MKT* | -0.0049** | |
| | （-2.08） | |
| *LAW* | | -0.0015* |
| | | （-1.91） |
| *TREATPOST\*LAW* | | -0.0157*** |
| | | （-3.31） |
| *SIZE* | 0.0167*** | 0.0164*** |
| | （5.00） | （4.81） |
| *TOBINQ* | -0.0005 | -0.0004 |
| | （-0.50） | （-0.41） |

| 变量 | （1）<br>INEFF | （2）<br>INEFF |
|---|---|---|
| FCF | 0.0725*** | 0.0752*** |
| | （6.07） | （6.22） |
| ROA | 0.1040*** | 0.1034*** |
| | （5.74） | （5.59） |
| LEV | 0.0041 | 0.0046 |
| | （0.44） | （0.47） |
| TURNOVER | −0.0138*** | −0.0147*** |
| | （−3.05） | （−3.12） |
| HLD | 0.0577*** | 0.0592*** |
| | （2.75） | （2.71） |
| MANAGER | 0.0715 | 0.0699 |
| | （0.90） | （0.89） |
| INDEP | 0.0007 | 0.0007 |
| | （0.03） | （0.03） |
| BOARD | 0.0007 | 0.0008 |
| | （0.68） | （0.72） |
| DUALITY | 0.0015 | 0.0013 |
| | （0.42） | （0.36） |
| _CONS | −0.3106*** | −0.3310*** |
| | （−4.20） | （−4.39） |
| YEAR FE | YES | YES |
| FIRM FE | YES | YES |
| N | 8 023 | 8 023 |
| Adj-$R^2$ | 0.0728 | 0.0731 |

注：括号内数字为双尾检验的 t 值；标准误差经过企业层面 Cluster 群聚调整；***、**、*分别表示在1%、5%、10%水平上显著。

## 三、信息透明度、强制性内部控制审计与企业非效率投资

表4-8分别从机构投资者持股和分析师跟进两个角度展示了信息

透明度对强制性内部控制审计的实施与企业非效率投资关系的调节效应。第（1）列展示了机构投资者持股对强制性内部控制审计的实施与企业非效率投资关系的调节效应。交乘项 *TREATPOST\*IO* 前的系数在10%的水平上显著为负（−0.0293，t=−1.69），这表明机构投资者持股增强了强制性内部控制审计的实施对企业非效率投资的抑制效应，从机构投资者持股的角度验证了假设4.3。第（2）列展示了分析师跟进对强制性内部控制审计的实施与企业非效率投资关系的调节效应。交乘项 *TREATPOST\*FOLLOW* 前的系数在1%的水平上显著为负（−0.0051，t=−2.88），这表明分析师跟进增强了强制性内部控制审计的实施对企业非效率投资的抑制效应，从分析师跟进的角度验证了假设4.3。

表4-8　信息透明度、强制性内部控制审计与企业非效率投资

| 变量 | （1） | （2） |
|------|-------|-------|
|      | *INEFF* | *INEFF* |
| *TREATPOST* | −0.0100*** | 0.0023 |
|             | （−2.86） | （0.38） |
| *IO* | 0.0402** | |
|      | （2.45） | |
| *TREATPOST\*IO* | −0.0293* | |
|                 | （−1.69） | |
| *FOLLOW* | | 0.0056*** |
|          | | （2.83） |
| *TREATPOST\*FOLLOW* | | −0.0051*** |
|                     | | （−2.88） |
| *SIZE* | 0.0149*** | 0.0176*** |
|        | （3.88） | （3.65） |
| *TOBINQ* | −0.0012 | −0.0048*** |
|          | （−1.10） | （−3.55） |

| 变量 | （1）<br>INEFF | （2）<br>INEFF |
|---|---|---|
| FCF | 0.0665*** | 0.0827*** |
| | （5.16） | （5.69） |
| ROA | 0.1042*** | 0.1076*** |
| | （4.25） | （3.70） |
| LEV | 0.0085 | −0.0015 |
| | （0.76） | （−0.10） |
| TURNOVER | −0.0174*** | −0.0185*** |
| | （−3.52） | （−3.05） |
| HLD | 0.0662*** | 0.0458* |
| | （2.93） | （1.82） |
| MANAGER | 0.0008 | −0.0132 |
| | （0.01） | （−0.23） |
| INDEP | −0.0148 | −0.0156 |
| | （−0.54） | （−0.52） |
| BOARD | 0.0001 | 0.0006 |
| | （0.12） | （0.49） |
| DUALITY | 0.0021 | 0.0044 |
| | （0.56） | （0.97） |
| _CONS | −0.3042*** | −0.3693*** |
| | （−3.59） | （−3.40） |
| YEAR FE | YES | YES |
| FIRM FE | YES | YES |
| N | 7 162 | 5 677 |
| Adj-$R^2$ | 0.0719 | 0.0858 |

注：括号内数字为双尾检验的 t 值；标准误差经过企业层面 Cluster 群聚调整；***、**、*分别表示在1%、5%、10%水平上显著。

## 第四节　稳健性分析

### 一、平行趋势假设验证

双重差分法的一个主要前提是应满足平行趋势假设，即如果没有外生事件发生，实验组和控制组之间的发展趋势应保持一致，并且不随时间而出现系统性差异。我们借鉴王嘉鑫（2020）的方法通过观察政策在各个年度的动态效应来检验平行趋势假设。具体来说，本章构建各个年度虚拟变量和是否强制性实施内部控制审计虚拟变量的交乘项来替代 *TREATPOST*：*TREATPRE_2*、*TREATPRE_1*、*TREATPOST_0*、*TREATPOST_1* 和 *TREATPOST_2*，分别表示 2010 年、2011 年、2012 年、2013 年和 2014 年，然后纳入式（4.2）中进行估计。表 4-9 的结果显示，*TREATPRE_2* 和 *TREATPRE_1* 的系数分别为 0.0009 和 −0.0087，均不显著，这说明强制性内部控制审计实施之前，实验组和控制组没有显著差异。然而，在制度实施之后，*TREATPOST_0* 和 *TREATPOST_1* 的回归系数变为负显著（*TREATPOST_0* 的系数为 −0.0182，t=−1.83，在 10% 的水平上显著；*TREATPOST_1* 的系数为 −0.0250，t=−2.09，在 5% 的水平上显著），表明强制性内部控制审计制度的实施导致了实验组和控制组间产生了系统性差异，相比于控制组，实验组样本企业的非效率投资水平更低，验证了平行趋势假定。

表 4-9　　　　　　　　　　　　平行趋势检验

| 变量 | *INEFF* |
|---|---|
| *SIZE* | 0.0171*** |
| | （5.18） |

| 变量 | INEFF |
|---|---|
| TOBINQ | −0.0004 |
| | (−0.41) |
| FCF | 0.0731*** |
| | (6.10) |
| ROA | 0.1027*** |
| | (5.69) |
| LEV | 0.0053 |
| | (0.55) |
| TURNOVER | −0.0133*** |
| | (−2.97) |
| HLD | 0.0596*** |
| | (2.84) |
| MANAGER | 0.0718 |
| | (0.91) |
| INDEP | 0.0024 |
| | (0.10) |
| BOARD | 0.0008 |
| | (0.76) |
| DUALITY | 0.0011 |
| | (0.32) |
| TREATPRE_2 | 0.0009 |
| | (0.16) |
| TREATPRE_1 | −0.0087 |
| | (−1.08) |
| TREATPOST_0 | −0.0182* |
| | (−1.83) |

| 变量 | INEFF |
|------|-------|
| TREATPOST_1 | −0.0250** |
|  | (−2.09) |
| TREATPOST_2 | −0.0217 |
|  | (−1.52) |
| _CONS | −0.3433*** |
|  | (−4.78) |
| YEAR FE | YES |
| FIRM FE | YES |
| N | 8发023 |
| Adj-R² | 0.0750 |

注：括号内数字为双尾检验的 t 值；标准误差经过企业层面 Cluster 群聚调整；***、**、*分别表示在 1%、5%、10% 水平上显著。

## 二、考虑未来一期企业非效率投资水平

由于内部控制审计报告在每个会计年度结束之日起 4 个月内编制完成并披露，因此来自第三方会计师事务所发挥的治理效应可能会存在时滞性。借鉴李春涛等（2020）的研究，本章将式（4.2）中的因变量替换成未来一期的企业非效率投资水平 $INEFF_{t+1}$。表 4-10 报告了考虑未来一期企业非效率投资水平的回归结果。在第（1）列中，TREATPOST 和未来一期的非效率投资 $INEFF_{t+1}$ 在 10% 的水平上显著为负（−0.0063，t=−1.80）。在加入了相关控制变量之后，如第（2）列所示，TREATPOST 和未来一期的非效率投资 $INEFF_{t+1}$ 依旧在 10% 的水平上显著为负（−0.0065，t=−1.93）。这表明无论是否加入相关控制变量，强制性内部控制审计的实施都会对企业下一年的非效率投资水平发挥治理效应，这一步验证了主结论的稳健性。

表4-10                           考虑未来一期企业非效率投资水平

| 变量 | （1）<br>$INEFF_{t+1}$ | （2）<br>$INEFF_{t+1}$ |
|---|---|---|
| TREATPOST | −0.0063* | −0.0065* |
| | （−1.80） | （−1.93） |
| SIZE | | −0.0234*** |
| | | （−5.60） |
| TOBINQ | | 0.0033* |
| | | （1.92） |
| FCF | | 0.0394*** |
| | | （3.37） |
| ROA | | 0.0810*** |
| | | （3.66） |
| LEV | | 0.0252** |
| | | （2.22） |
| TURNOVER | | 0.0115** |
| | | （2.41） |
| HLD | | 0.0249 |
| | | （1.11） |
| MANAGER | | 0.0390 |
| | | （0.58） |
| INDEP | | −0.0130 |
| | | （−0.41） |
| BOARD | | 0.0001 |
| | | （0.10） |

| 变量 | (1)<br>$INEFF_{t+1}$ | (2)<br>$INEFF_{t+1}$ |
|---|---|---|
| DUALITY |  | 0.0028 |
|  |  | (0.65) |
| _CONS | 0.0497*** | 0.5193*** |
|  | (31.41) | (5.70) |
| YEAR FE | YES | YES |
| FIRM FE | YES | YES |
| N | 8 004 | 8 004 |
| Adj-$R^2$ | 0.0100 | 0.0518 |

注：第（1）列表示在没有加入控制变量的情况下的回归结果，第（2）列表示加入控制变量后的回归结果；括号内数字为双尾检验的 t 值；标准误差经过企业层面 Cluster 群聚调整；***、**、*分别表示在 1%、5%、10% 水平上显著。

### 三、剔除自愿性内部控制审计的样本

作为两种不同的公司治理机制，强制性和自愿性内部控制审计在信息传递方式、监督和保险效应以及成本效益性等方面都可能存在一定的差异（张国清和马威伟，2020）。为了保证实证结果的稳健性，本章将对照组中自愿性实施内部控制审计的样本剔除重新检验。表 4-11 报告了剔除自愿性内部控制审计的样本后的回归结果。在第（1）列中，TREATPOST 和非效率投资 INEFF 在 5% 的水平上显著为负（-0.0094，t=-2.35）。在加入了相关控制变量之后，如第（2）列所示，TREATPOST 和非效率投资 INEFF 依旧在 5% 的水平上显著为负（-0.0089，t=-2.35）。这说明在对照组中剔除自愿性实施内部控制审计的样本之后，强制性内部控制审计的实施仍然与更低水平的非效

率投资相关，进一步验证了主结论的稳健性。

表4-11　　　　　　剔除自愿性内部控制审计的样本

| 变量 | （1）<br>INEFF | （2）<br>INEFF |
| --- | --- | --- |
| TREATPOST | −0.0094** | −0.0089** |
|  | （−2.35） | （−2.35） |
| SIZE |  | 0.0189*** |
|  |  | （4.37） |
| TOBINQ |  | −0.0001 |
|  |  | （−0.10） |
| FCF |  | 0.0786*** |
|  |  | （5.07） |
| ROA |  | 0.1012*** |
|  |  | （5.24） |
| LEV |  | 0.0070 |
|  |  | （0.61） |
| TURNOVER |  | −0.0079 |
|  |  | （−1.39） |
| HLD |  | 0.0681** |
|  |  | （2.54） |
| MANAGER |  | 0.1310* |
|  |  | （1.70） |
| INDEP |  | 0.0096 |
|  |  | （0.30） |

| 变量 | （1）<br>INEFF | （2）<br>INEFF |
|---|---|---|
| BOARD | | 0.0001 |
| | | （0.05） |
| DUALITY | | −0.0001 |
| | | （−0.03） |
| _CONS | 0.0562*** | −0.3826*** |
| | （25.63） | （−4.19） |
| YEAR FE | YES | YES |
| FIRM FE | YES | YES |
| N | 5 082 | 5 082 |
| Adj−R² | 0.0071 | 0.0731 |

注：第（1）列表示在没有加入控制变量的情况下的回归结果，第（2）列表示加入控制变量后的回归结果；括号内数字为双尾检验的 t 值；标准误差经过企业层面 Cluster 群聚调整；***、**、*分别表示在 1%、5%、10% 水平上显著。

## 四、考虑中小板和创业板样本

虽然中小板和创业板企业在发行上市条件、交易机制和监管力度等方面存在差异，但考虑到只选择主板上市企业会损失大量样本，原因在于所有主板上市企业在 2014 年以后都必须强制性实施内部控制审计而无对照组样本。因此，本章考虑加入中小板和创业板企业样本进行重新检验。表 4-12 的第（1）列表示在没有加入控制变量的情况下的回归结果，第（2）列表示加入控制变量后的回归结果。结果显示，在第（1）列中，TREATPOST 和非效率投资 INEFF 在 1% 的水平上显著为负（−0.0116，t=−3.87）。在加入了相关控制变量之后，如第（2）列所示，*TREATPOST* 和非效率投资 *INEFF* 依旧在 1% 的水平上显著为负（−0.0099，t=−3.48）。以上的结果说明在放宽了样本范围之后，主回归结果依旧成立。

表 4-12　　　　　　　　　考虑中小板和创业板样本

| 变量 | （1）<br>INEFF | （2）<br>INEFF |
|---|---|---|
| *TREATPOST* | −0.0116*** | −0.0099*** |
|  | （−3.87） | （−3.48） |
| *SIZE* |  | 0.0150*** |
|  |  | （4.62） |
| *TOBINQ* |  | −0.0006 |
|  |  | （−0.64） |
| *FCF* |  | 0.0741*** |
|  |  | （6.48） |
| *ROA* |  | 0.0906*** |
|  |  | （5.07） |
| *LEV* |  | 0.0029 |
|  |  | （0.31） |
| *TURNOVER* |  | −0.0166*** |
|  |  | （−4.07） |
| *HLD* |  | 0.0516** |
|  |  | （2.53） |
| *MANAGER* |  | 0.0724 |
|  |  | （0.93） |

| 变量 | （1）<br>*INEFF* | （2）<br>*INEFF* |
|---|---|---|
| *INDEP* | | 0.0082 |
| | | （0.34） |
| *BOARD* | | 0.0007 |
| | | （0.71） |
| *DUALITY* | | 0.0007 |
| | | （0.19） |
| *_CONS* | 0.0574*** | −0.2919*** |
| | （33.93） | （−4.12） |
| *YEAR FE* | YES | YES |
| *FIRM FE* | YES | YES |
| *N* | 11 054 | 11 054 |
| *Adj−R²* | 0.0173 | 0.0728 |

注：第（1）列表示在没有加入控制变量的情况下的回归结果，第（2）列表示加入控制变量后的回归结果；括号内数字为双尾检验的t值；标准误差经过企业层面Cluster群聚调整；***、**、*分别表示在1%、5%、10%水平上显著。

## 五、扩大样本时间范围

尽管所有主板上市公司都于2014年以后强制性实施内部控制审计，但是强制性内部控制审计的制度可能对企业有着长期的影响。为了观测该政策是否有持续的经济效应，我们在考虑创业板和中小板企业的同时，进一步扩大样本时间范围，将样本选取截至2018年。表4-13的第（1）列表示在没有加入控制变量的情况下的回归结果，第（2）列表示加入控制变量后的回归结果。结果显示，在第（1）列中，*TREATPOST* 和非效率投资 *INEFF* 在 10% 的水平上显著为负（−0.0048，t=−1.74）。在加入了相关控制变量之后，如第（2）列所示，*TREATPOST* 和非效率投资 *INEFF* 依旧在 10% 的水平上显著为负（−0.0055，t=−1.71）。结果表明在放宽了样本时间范围之后，主回归结果也依旧成立，即强制性内部控制审计制度在 2014 年后对企业非效率投资水平依旧发挥持续的治理效应。

表4-13 扩大样本时间范围

| 变量 | （1）<br>INEFF | （2）<br>INEFF |
|---|---|---|
| *TREATPOST* | −0.0048* | −0.0055* |
|  | （−1.74） | （−1.71） |
| *SIZE* |  | 0.0194*** |
|  |  | （5.55） |
| *TOBINQ* |  | −0.0001 |
|  |  | （−0.28） |
| *FCF* |  | 0.0341*** |
|  |  | （2.72） |
| *ROA* |  | 0.0080*** |
|  |  | （4.21） |
| *LEV* |  | 0.0064*** |
|  |  | （4.16） |
| *TURNOVER* |  | −0.0079** |
|  |  | （−2.09） |
| *HLD* |  | 0.1586*** |
|  |  | （6.48） |
| *MANAGER* |  | 0.1196** |
|  |  | （2.41） |

| 变量 | （1） | （2） |
|---|---|---|
| | *INEFF* | *INEFF* |
| *INDEP* | | 0.0237 |
| | | （0.65） |
| *BOARD* | | −0.0008 |
| | | （−0.90） |
| *DUALITY* | | 0.0035 |
| | | （0.84） |
| *_CONS* | 0.0545*** | −0.4444*** |
| | （23.53） | （−5.57） |
| *YEAR FE* | YES | YES |
| *FIRM FE* | YES | YES |
| *N* | 16 935 | 16 935 |
| *Adj-R²* | 0.0124 | 0.0927 |

注：第（1）列表示在没有加入控制变量的情况下的回归结果，第（2）列表示加入控制变量后的回归结果；括号内数字为双尾检验的 t 值；标准误差经过企业层面 Cluster 群聚调整；***、**、*分别表示在 1%、5%、10% 水平上显著。

## 六、替换模型设定

本章进一步采用另一种模型设定 PSM-DID（Gong 等，2016），该方法被认为是可以有效解决跨期多时点的自然实验设计问题，因为经过 PSM 后的样本可以用来在不同政策实施年度间进行比较。参考王永海和王嘉鑫（2017）的研究，本模型样本区间为 2008—2013 年，是考虑到如果将 2014 年及以后年度纳入样本区间，则不符合条件的非国有企业既是前两批次实施公司的控制组，又作为 2014 年及以后年度的实验组，这会对双重差分估计产生严重干扰。同时，为了确保有足够的控制组样本，我们还考虑加入中小板和创业板企业。首先，本章以式（4.2）中包含的所有控制变量上一期的数值作为特征变量，采用Probit回归计算当期成为实验组（*TREAT*=1）的得分并使用不放回的卡尺内的最近邻匹配进行逐年一对一匹配。对于卡尺的数值选择，本章参考陈强（2010）一书中对于最优卡尺选择的推荐方法，使用倾向得分的标准差乘以0.25，计算结果显示该值为0.072，因此选取0.05作为模型的卡尺数值。为了检验强制性内部控制审计的实施对企业非效率投资水平的影响，本章设计了如下模型：

$$INEFF_t = \beta_0 + \beta_1 TREAT_t + \beta_2 POST_t + \beta_3 TREAT_t*POST_t + Controls_t + \varepsilon_t \quad （4.3）$$

其中，*POST*表示强制性内部控制审计政策实施前后的虚拟变量。具体来说，对于主板上市的国有企业，2012年以前为0，2012年及以后为1；对于符合条件的非国有主板上市公司，2013年为1，2013年及以前为0。*TREAT*用来区分实验组与控制组，当*TREAT*为1时，代表主板上市的国有企业和符合条件的主板上市的非国有企业，即实验组；当*TREAT*为0时，代表不符合条件的主板上市非国有企业和中小板、创业板企业，即控制组。交互项*TREAT*POST*的系数反映实施强制性内部控制审计对企业非效率投资水平的影响，若本章的研究假设成立，我们预期系数$\beta_3$应显著为负。

表4-14报告了替换模型设定后的检验结果，为了保证结果的稳健性，本章还采用了如下逐步放入控制变量和多种标准误差计算方法：第（1）列表示在没有加入控制变量的情况下的回归结果，第（2）列与第（3）列表示加入控制变量后的回归结果；此外，第（1）列与第（2）列的标准误差经过企业群聚效应调整，第（3）列的标准误差经过White异方差调整。结果显示，在所有列中*TREAT*POST*的系数均在1%水平上显著为负（-0.0134，t=-8.75；-0.0127，t=-8.09；-0.0127，t=-8.62），进一步验证了主回归结果的稳健性。

表 4-14 <sub></sub>替换模型设定

| 变量 | （1）<br>INEFF | （2）<br>INEFF | （3）<br>INEFF |
|---|---|---|---|
| TREAT | −00056*** | −0.0019 | −0.0019 |
| | （−3.04） | （−0.81） | （−0.81） |
| POST | −0.0178*** | −0.0047 | −0.0047 |
| | （−4.93） | （−1.19） | （−1.19） |
| TREAT*POST | −0.0134*** | −0.0127*** | −0.0127*** |
| | （−8.75） | （−8.09） | （−8.62） |
| SIZE | | −0.0025*** | −0.0025*** |
| | | （−2.99） | （−3.74） |
| TOBINQ | | −0.0004 | −0.0004 |
| | | （−0.54） | （−0.67） |
| FCF | | 0.0644*** | 0.0644*** |
| | | （5.99） | （6.04） |
| ROA | | 0.0439*** | 0.0439*** |
| | | （3.00） | （3.15） |
| LEV | | 0.0555*** | 0.0555*** |
| | | （5.86） | （7.14） |
| TURNOVER | | −0.0113*** | −0.0113*** |
| | | （−2.95） | （−3.49） |
| HLD | | 0.0565*** | 0.0565*** |
| | | （4.13） | （5.10） |
| MANAGER | | −0.0520*** | −0.0520*** |
| | | （−5.10） | （−6.41） |

| 变量 | (1) INEFF | (2) INEFF | (3) INEFF |
|------|-----------|-----------|-----------|
| INDEP | | 0.0420*** | 0.0420*** |
| | | (2.72) | (3.34) |
| BOARD | | −0.0005 | −0.0005 |
| | | (−0.50) | (−0.68) |
| DUALITY | | 0.0018 | 0.0018 |
| | | (0.98) | (1.17) |
| _CONS | 0.0499*** | 0.0583*** | 0.0583*** |
| | (9.99) | (3.37) | (4.17) |
| INDUSTRY FE | YES | YES | YES |
| N | 5 764 | 5 764 | 5 764 |
| Adj-$R^2$ | 0.0262 | 0.0580 | 0.0580 |

注：第（1）列表示在没有加入控制变量的情况下的回归结果，第（2）列与第（3）列表示加入控制变量后的回归结果；括号中的数字为双尾检验的t值，其中，第（1）列与第（2）列的标准误差经过企业群聚效应调整，第（3）列的标准误差经过White异方差调整；***、**、*分别表示在1%、5%和10%水平上显著。

## 七、加入其他控制变量

根据2012年《分类分批实施通知》的要求，A股主板上市企业根据股权性质、市值和净利润三个条件，分类分批实施内部控制审计。因此，本章进一步考虑在式（4.2）中加入是否为国有企业SOE、市值MV和净利润NI三个控制变量进行重新检验。表4-15的第（1）列表示仅加入SOE、MV和NI后的回归结果，第（2）列表示加入所有控制变量后的回归结果。结果显示，在两列中*TREATPOST*的系数都依旧在 1% 的水平上负显著（-0.0104，t=-3.24；-0.0102，t=-3.22），证明了主回归结果的稳健性。

表4-15　　　　　　　　　　加入其他控制变量

| 变量 | (1) | (2) |
|---|---|---|
| | *INEFF* | *INEFF* |
| *TREATPOST* | -0.0104*** | -0.0102*** |
| | (-3.24) | (-3.22) |
| *SOE* | -0.0020 | -0.0001 |
| | (-0.27) | (-0.02) |
| *MV* | 0.0079** | -0.0167*** |
| | (2.10) | (-2.59) |
| *NI* | 0.0104*** | 0.0060*** |
| | (8.81) | (4.06) |
| *SIZE* | | 0.0284*** |
| | | (4.07) |
| *TOBINQ* | | 0.0014 |
| | | (0.82) |
| *FCF* | | 0.0813*** |
| | | (6.18) |
| *ROA* | | 0.1006** |
| | | (1.97) |
| *LEV* | | -0.0007 |
| | | (-0.07) |
| *TURNOVER* | | -0.0174*** |
| | | (-3.53) |
| *HLD* | | 0.0444* |
| | | (1.84) |

| 变量 | (1)<br>*INEFF* | (2)<br>*INEFF* |
|---|---|---|
| *MANAGER* | | 0.0079 |
| | | (0.09) |
| *INDEP* | | 0.0012 |
| | | (0.04) |
| *BOARD* | | 0.0006 |
| | | (0.50) |
| *DUALITY* | | 0.0005 |
| | | (0.12) |
| *_CONS* | −0.3029*** | −0.3219*** |
| | (−3.72) | (−3.57) |
| *YEAR FE* | YES | YES |
| *FIRM FE* | YES | YES |
| *N* | 6 996 | 6 996 |
| *Adj-R²* | 0.0498 | 0.0806 |

注：第（1）列表示仅加入 *SOE*、*MV* 和 *NI* 后的回归结果，第（2）列表示加入所有控制变量后的回归结果；括号内数字为双尾检验的 t 值；标准误差经过企业层面 Cluster 群聚调整；***、**、*分别表示在1%、5%、10%水平上显著。

## 八、安慰剂检验

双重差分实验设计是通过某件外生事件的发生来识别变量间的因果关系的，但不可忽视的是，双重差分的检验结果可能会受到某种偶然性因素的驱动，故而并不能反映真实因果关系。对于本章的研究来说，即便没有2012年强制性内部控制审计的政策冲击，其结论可能依然成立。此外，还可能存在同期其他政策对检验结果造成干扰，影响结果的稳健性。针对这一问题，本章采用安慰剂检验，即通过制造一种和样本类似的反事实验证因果关系。借鉴王永海和王嘉鑫（2017）和王嘉鑫（2020）的做法，本章对实验组和控制组随机分配重新检验，在8 023个全样本中随机抽取与原实验组相同数量（2 955个）的样本作为新的实验组，其余样本作为新的控制组，反复进行1 000次模拟实验。如果安慰剂检验中的系数不再显著，则说明通过安慰剂检验，本章的研究结论不受其他政策或偶然性因素的影响。表4-16列示了不同统计量下（标准差、均值、5分位数、25分位数、中位数、75分位数和95分位数）$TREATPOST$的回归系数和T值。结果显示，不同统计量下的$TREATPOST$的回归系数均不显著，这进一步验证了本章研究结论的稳健性，即确实是2012年强制性内部控制审计政策的实施降低了企业的非效率投资水平。

表4-16 安慰剂检验

| 变量 | S.D. | Mean | P5 | P25 | Median | P75 | P95 |
|---|---|---|---|---|---|---|---|
| Coefficient of $TREATPOST$ | 0.0014 | 0.0000 | −0.0023 | −0.0009 | −0.0000 | 0.0009 | 0.0024 |
| T−stat for $TREATPOST$ | 1.0095 | −0.0018 | −1.5977 | −0.6748 | −0.0195 | 0.6433 | 1.6227 |

## 第五节　进一步分析

### 一、强制性内部控制审计与经营绩效

经营绩效是评价企业经营状况的核心指标之一，因此，我们在本节又使用经营绩效作为经营目标实现的替代指标。本书认为强制性内部控制审计的实施，一方面，有助于塑造和培育有效的内部控制文化

和控制环境，员工的绩效考核制度更加完善，激发员工提高企业经营绩效的动力。另一方面，强制性内部控制审计的实施有助于提高企业信息透明度，有效抑制管理层的机会主义行为，降低管理层决策发生无意识错误或舞弊行为，提升企业的经营绩效。借鉴邓建平和曾勇（2009）、陈运森（2015）和张峰等（2021）的研究，本章分别选取总资产收益率（ROA）和净资产收益率（ROE）来衡量企业经营绩效。为了检验强制性内部控制审计的实施对企业经营绩效的影响，本章使用双重差分法构建OLS回归式（4.4）进行检验：

$$ROA_t(ROE_t) = \beta_0 + \beta_1 TREATPOST_t + Controls_t + Firm\ Year\ FE + \varepsilon_t \qquad (4.4)$$

其中，因变量 $ROA_t$（$ROE_t$）为总资产收益率（净资产收益率）。自变量 $TREATPOST$ 表示企业在第 $t$ 年及以后是否被强制性要求实施内部控制审计，是则为1，否则为0。$TREATOST_t$ 前的回归系数 $\beta_1$ 反映强制性内部控制审计制度颁布前后实验组与控制组间的经营绩效水平差异，本章预期 $\beta_1$ 的系数为正。$Controls_t$ 为一系列可能影响企业经营绩效的控制变量，主要包括：财务杠杆水平 $LEV_t$、公司成立年龄 $AGE_t$、固定资产规模 $PPE_t$、无形资产规模 $INTANG_t$、存货规模 $INVENTORY_t$、经营现金流状况 $FCF_t$、股权制衡度 $BALANCE_t$、管理层持股比例 $MANAGER_t$、独立董事占比 $INDEP_t$ 和两职合一 $DUALITY_t$。

表4-17报告了强制性内部控制审计与企业经营绩效的回归结果，其中第（1）列的因变量为总资产收益率（ROA），第（2）列的因变量为净资产收益率（ROE）。结果表明，$TREATPOST$ 与总资产收益率 ROA 和净资产收益率 ROE 均在5%的水平上显著为正（0.0053，t=2.22；0.0148，t=2.15），这说明了强制性内部控制审计的实施确实提高了企业的经营绩效，并从经营绩效的角度验证了强制性内部控制审计实施对内部控制经营目标实现发挥的治理效应。

表 4-17　　　　　　　　　　　强制性内部控制审计与经营绩效

| 变量 | （1）<br>ROA | （2）<br>ROE |
|---|---|---|
| TREATPOST | 0.0053** | 0.0148** |
| | （2.22） | （2.15） |
| LEV | −0.0936*** | −0.1643*** |
| | （−16.19） | （−7.39） |
| AGE | −0.0042 | −0.0114 |
| | （−1.39） | （−1.26） |
| PPE | −0.0516*** | −0.1344*** |
| | （−8.16） | （−6.62） |
| INTANG | −0.0245* | −0.1096** |
| | （−1.75） | （−2.12） |
| INVENTORY | 0.0227*** | 0.1251*** |
| | （3.55） | （5.85） |
| FCF | 0.1775*** | 0.4078*** |
| | （16.70） | （15.08） |
| BALANCE | −0.0011 | −0.0022 |
| | （−0.59） | （−0.41） |
| MANAGER | 0.0173 | 0.0308 |
| | （1.00） | （0.78） |
| INDEP | −0.0222 | −0.0552 |
| | （−1.43） | （−1.13） |
| DUALITY | −0.0025 | −0.0081 |
| | （−0.95） | （−1.00） |

| 变量 | (1) | (2) |
| --- | --- | --- |
| | ROA | ROE |
| _CONS | 0.0959*** | 0.1592*** |
| | (8.79) | (4.78) |
| YEAR FE | YES | YES |
| FIRM FE | YES | YES |
| N | 8 121 | 8 121 |
| Adj-R² | 0.2703 | 0.1239 |

注：括号内数字为双尾检验的 t 值；标准误差经过企业层面 Cluster 群聚调整；***、**、*分别表示在1%、5%、10%水平上显著。

## 二、强制性内部控制审计与内部控制质量

在强制性内部控制审计制度背景下，管理层面临的外部监督压力更大，同样审计师的风险成本也越高，需要提供具有更高保证水平的内部控制鉴证报告。这会督促管理层遵守规定及时发现并披露有关的内部控制缺陷，并对相关内部控制缺陷进行整改，有效地改善企业内部控制质量。在前文主回归逻辑中，本章认为强制性内部控制审计的实施可以从内外两个方面对非效率投资起到监督和治理作用，即强制性内部控制审计的实施可以提高企业的内部控制质量。张国清和马威伟（2020）的研究证实了强制性内部控制审计提高了审计师审计能力，并督促公司整改内部控制缺陷而达到提高内部控制质量的作用。为了检验强制性内部控制审计的实施对企业内部控制质量的影响，本章使用双重差分法构建OLS回归式（4.5）进行检验：

$$DEF_t = \beta_0 + \beta_1 TREATPOST_t + Controls_t + Firm\ Year\ FE + \varepsilon_t \qquad (4.5)$$

其中，我们使用管理层内部控制评价报告中是否披露内部控制缺陷（*DEF*）来衡量因变量企业的内部控制质量，披露了内部控制缺陷则为1，否则为0。自变量 *TREATPOST* 表示企业在第 *t* 年及以后是否被强制性要求实施内部控制审计，是则为1，否则为0。*TREATPOST*，前的回归系数 $\beta_1$ 反映强制性内部控制审计制度颁布前后实验组与控制组的内部控制质量的差异，本章预期 $\beta_1$ 的系数为负。*Controls*，为一系列可能影响企业内部控制质量的控制变量，主要包括：企业规模 *SIZE*、财务杠杆水平 *LEV*、盈利能力 *ROA*、流动比率 *LIQ*、应收账款规模 *REC*、经营活动产生的现金流规模 *CFO*、是否亏损 *LOSS*、营业收入增长比 *GROWTH*、是否为国有企业 *SOE*、固定资产规模 *PPE*、无形资产规模 *INTANG* 和董事会规模 *BOARD*。

表4-18报告了强制性内部控制审计与内部控制质量的回归结果。在第（1）列中，*TREATPOST* 和内部控制质量 *DEF* 在5%的水平上显著为负（-0.0616，t=-2.34）。在加入了相关控制变量之后，如第（2）列所示，*TREATPOST* 和内部控制质量 *DEF* 依旧在5%的水平上显著为负（-0.0601，t=-2.28）。这说明强制性内部控制审计的实施使得管理层面临更严格的外部监管，同样审计师也面临更高的风险成本从而出具更高保证水平的内部控制鉴证报告。这证明了前文主回归分析中有关强制性内部控制审计的实施可以从内外两个方面对非效率投资起到监督和治理作用逻辑的正确性。

表4-18　　　　　　强制性内部控制审计与内部控制质量

| 变量 | （1）<br>DEF | （2）<br>DEF |
|---|---|---|
| *TREATPOST* | -0.0616** | -0.0601** |
|  | （-2.34） | （-2.28） |

| 变量 | (1) DEF | (2) DEF |
|------|---------|---------|
| SIZE | | 0.0248 |
| | | (1.30) |
| LEV | | 0.0089 |
| | | (0.66) |
| ROA | | −0.0778 |
| | | (−0.60) |
| LIQ | | 0.0049 |
| | | (0.55) |
| REC | | 0.1267 |
| | | (0.70) |
| CFO | | −0.0713 |
| | | (−0.92) |
| LOSS | | 0.0095 |
| | | (0.41) |
| GROWTH | | 0.0128* |
| | | (1.66) |
| SOE | | −0.0218 |
| | | (−0.41) |
| PPE | | −0.0897 |
| | | (−1.03) |
| INTANG | | 0.2586 |
| | | (1.23) |

| 变量 | （1） DEF | （2） DEF |
|------|------|------|
| BOARD | | 0.0001 |
| | | （0.01） |
| _CONS | 1.9897*** | 1.4548*** |
| | （170.61） | （3.48） |
| YEAR FE | YES | YES |
| FIRM FE | YES | YES |
| N | 6 076 | 6 076 |
| Adj-R² | 0.1668 | 0.1674 |

注：第（1）列表示在没有加入控制变量的情况下的回归结果，第（2）列表示加入控制变量后的回归结果；括号内数字为双尾检验的 t 值；标准误差经过企业层面 Cluster 群聚调整；***、**、*分别表示在1%、5%、10%水平上显著。

## 三、强制性内部控制审计、企业非效率投资与宏观经济不确定性

近年来，有关政策工具与宏观经济之间关系的研究逐渐被学者们所关注，特别是在我国经济由高速增长向高质量发展转变的关键阶段，如何通过一揽子政策工具提振宏观经济成为社会各界广泛讨论的问题。改革开放以来，资本投资一直是驱动中国经济高速增长的核心动力。然而，在庞大的经济体量背后，企业投资结构存在调整滞后、重复建设与边际效率等问题，这直接影响到我国经济增长的质量。郝颖等（2014）则立足于地区差异考察了企业投资活动对区域经济增长质量的影响。资源滥用会使得宏观经济陷入粗放式增长的恶性循环中，这种无效率的投资会扰乱正常的市场秩序，不利于宏观经济的稳

定性。同时，投资规模恶性扩张的背后会出现企业研发性投资较少等问题，降低了投资对经济增长质量的贡献率。强制性内部控制审计作为一种重要的监管机制，其一，可以对企业内部控制发挥监督和治理作用，提高企业投资的合法合规性，维护正常的市场秩序，为投资驱动经济创造良好的外部环境。其二，强制性内部控制审计的实施会提高企业的经营效率和效果，有助于经济要素以更低成本在市场中流动，改善企业不良的投资结构，缓解非效率投资对宏观经济的不利影响，促进经济增长的良性循环。其三，强制性内部控制审计的实施会为投资的利益相关方提供更加透明的信息环境，降低投资者的信息搜集成本，抑制高管非效率投资的机会主义行为的发生。综上，本章预期强制性内部控制审计实施后，企业非效率投资对区域宏观经济不确定性的边际影响将会降低。

企业决策主要依据来源于事前对不确定性的预期而非事后的不确定性，因此本章借鉴 Baum 等（2006）、王义中和宋敏（2014）以及刘海明和曹廷求（2015）的研究，采用宏观经济变量的条件方差测度宏观经济的不确定性。相比移动标准差和基于调查的预测偏差等其他方法，GARCH 模型更适合用于衡量宏观经济的不确定性（Baum 等，2006）。以往文献中，大多数使用月度或季度实际国内生产总值的条件方差计算宏观经济的不确定性，本章选用 GARCH（1，1）模型计算各省季度实际国内生产总值变化率的条件方差衡量宏观经济的不确定性水平。具体来说，我们首先将季度实际国内生产总值的一阶差分数带入 GRACH（1，1）模型中，并获得了该序列季度水平的条件方差。其次，我们将条件方差在年度水平上取平均数，得到年度层面的均值用以衡量宏观经济的不确定性 $MU$。

$$MU_{t+1} = \beta_0 + \beta_1 TREATPOST_t + \beta_2 AggregateINEFF_t + \beta_3 TREATPOST_t * \\ AggregateINEFF_t + Controls_t + Firm\ Year\ FE + Province\ FE + \varepsilon_t \quad (4.6)$$

其中，因变量 $MU_{t+1}$ 为下一期宏观经济的不确定性，自变量 $TREATPOST_t$ 在区分实验组和控制组的同时，也控制了制度实施年度，具体来说：对于主板上市的国有企业，2012 年及以后 $TREATPOST_t$ 为 1，2012 年以前为 0；对于符合市值和净利润条件的非国有主板上市公司，2013 年及以后 $TREATPOST_t$ 为 1，2013 年以前为 0；对于不符合条件的主板上市非国有企业，2014 年 $TREATPOST_t$ 为 1，2014 年以前为 0。$AggregateINEFF_t$ 为地区层面的总资产加权平均非效率投资水平，$TREATPOST_t \times AggregateINEFF_t$ 前的回归系数 $\beta_3$ 反映强制性内部控制审计制度颁布后，企业非效率投资对地区经济增长的边际影响，我们预期 $\beta_3$ 的系数为负。

　　$Controls_t$ 为一系列可能影响地区宏观经济稳定性的控制变量，主要包括：当期区域宏观经济不确定性 $MU_t$、企业所得税收入比率 $CorpTax_t$（各省企业所得税收入/地区税收收入）、固定资产投资比率 $FixedInv_t$（各省全社会固定资产投资/各省地区生产总值）、财政支出比率 $GovExp_t$（各省财政总支出/各省地区生产总值）、对外开放程度 $Trade_t$（各省进出口总额/各省国内生产总值）、劳动力比率 $Labor_t$（各省就业人口/各省总人口）、转移支付指标 $Transfer_t$（各省中央补助/各省本级财政支出）和交通基础设施 $Infra_t$（各省每万人拥有的公路、铁路与内河航道里程之和的自然对数）。相关数据来自《新中国 60 年统计资料汇编》《中国财政年鉴》《中国税务年鉴》，区域其他宏观经济的数据来自中经网统计数据库及各地区统计年鉴。同时，我们还控制了企业、年度和省份固定效应，并对标准误差在企业层面 Cluster 群聚调整。表 4-19 的结果显示，$TREATPOST_t \times AggregateINEFF_t$ 与 $MU_{t+1}$ 的相关系数在 1% 水平上显著为负（-0.1524，t=-5.84），说明强制性内部控制审计实施后，企业非效率投资对地区宏观经济不确定性的边际影响显著降低。

表4-19　强制性内部控制审计、企业非效率投资与地区宏观经济不确定性

| 变量 | $MU_{t+1}$ |
|---|---|
| $TREATPOST_t$ | 0.0019 |
| | (1.62) |
| $AggregateINEFF_t$ | 0.1155*** |
| | (6.81) |
| $TREATPOST_t \times AggregateINEFF_t$ | −0.1524*** |
| | (−5.84) |
| $MU_t$ | 0.2148*** |
| | (6.42) |
| $CorpTax_t$ | 0.0000 |
| | (−1.27) |
| $FixedInv_t$ | 0.0147*** |
| | (12.92) |
| $GovExp_t$ | −0.0219*** |
| | (−9.96) |
| $Trade_t$ | 0.0024** |
| | (2.35) |
| $Labor_t$ | −7.8343*** |
| | (−10.19) |
| $Transfer_t$ | 0.2221*** |
| | (9.09) |
| $Infra_t$ | −0.0021*** |
| | (−7.92) |

| 变量 | $MU_{t+1}$ |
| --- | --- |
| _CONS | 0.0791*** |
| | （7.08） |
| YEAR FE | YES |
| FIRM FE | YES |
| PROVINCE FE | YES |
| N | 8 370 |
| Adj-$R^2$ | 0.3455 |

注：括号内数字为双尾检验的 t 值；标准误差经过企业层面 Cluster 群聚调整；***、**、*分别表示在1%、5%、10%水平上显著。

## 本章小结

本章研究强制性内部控制审计实施对企业非效率投资的影响。研究发现，强制性内部控制审计实施之后，企业的非效率投资水平有所下降，这从内部控制经营目标的角度验证了强制性内部控制审计的实施对改善企业非效率投资的治理效应。同时，企业注册地的制度环境和企业信息透明度会加强强制性内部控制审计对非效率投资的治理效应。稳健性测试中，本章对平行趋势假设进行了验证，在分别考虑未来一期企业非效率投资水平、剔除自愿披露的样本、考虑中小板和创业板样本、扩大样本时间范围、替换模型设定、加入其他控制变量和安慰剂检验等稳健性分析后，本章主要结论依旧成立。在进一步分析中，我们首先使用经营效率作为内部控制经营目标实现的替代指标，并验证了强制性内部控制审计的实施对经营效率的治理效应。其次，本章考虑了强制性内部控制审计的实施对企业内部控制质量的影响，验证了主回归逻辑的准确性。最后，本章又从宏观层面检验了强制性内部控制审计实施后企业非效率投资对地区宏观经济不确定性的边际影响。

第五章

# 强制性内部控制审计与企业真实盈余管理
## ——基于财务报告目标视角

内部控制的财务报告目标要求保证企业财务报告信息的可靠性，而盈余管理水平的高低会直接反映在财务报告信息质量上。考虑到近年来投资者保护制度和各种法律法规制度的完善，使得管理层逐渐选择转向更加隐蔽的真实盈余管理，因而本章主要从内部控制财务报告目标角度，分析强制性内部控制审计的实施对企业真实盈余管理的影响，并探讨企业注册地的制度环境和企业代理成本是否会对强制性内部控制审计的实施与企业真实盈余管理之间的关系产生影响。

　　无论是 SOX 法案，还是 C-SOX 法案，均要求保证企业财务报告及相关信息的真实完整，即实现内部控制的财务报告目标。主要证券市场均将对上市公司关于财务报告的内部控制审计作为法定要求，期望内部控制审计和财务报表审计分别在过程上和结果上保证财务报告的可靠性。外部审计作为公司外部治理机制之一，"是一个客观地获取和评价与经济活动和经济事项的认定有关的证据，以确认这些认定与既定标准之间的符合程度，并把审计结果传达给有利害关系的用户的系统过程"（美国会计学会审计基础概念委员会，1972）。已有大量文献证明了财务报表审计的治理效应，然而却缺少来自内部控制审计治理效应的证据，即外部审计在过程上保证财务报告的可靠性对企业内部控制基本目标的实现，特别是对财务报告目标的影响。此外，与萨班斯法案不同，我国的内部控制建设制度是与我国国情相关的，这就有可能使得之前有关萨班斯法案的研究在我国并不适用。首先，与萨班斯法案 404 条款"一刀切"的改革模式不同，我国的强制性内部控制审计制度是分类分批展开的，那么这一实施模式上的差异是否会影响到政策的实施效果还不得而知。其次，我国的强制性内部控制审计制度并不属于法律范畴，而是一种企业管理制度，因此无论从执行力还是约束力可能都不及萨班斯法案，这是否会弱化政策的实施效果也亟需检验。

盈余管理是指企业内部人在会计准则框架内为实现潜在的业绩目标或者影响基于会计数字的契约结果，蓄意操控财务报告的行为（Healy 和 Wahlen，1999）。具体来说，盈余管理主要有两种表现形式：一类是通过会计估计或会计政策变更等会计手段操纵盈余的应计盈余管理，而另一类是通过构建真实经济交易来操纵盈余的真实盈余管理。长期以来，会计盈余作为财务报告中最重要的披露信息之一，却存在着被企业管理者加以控制或调整以实施盈余管理的风险。为规避司法行政处罚和舆论的监督，企业管理层有动机通过扭曲会计信息，降低会计信息透明度实施盈余管理行为（陈骏和徐捍军，2019）。近年来，一系列跨国研究发现，在新兴市场国家，企业呈报的会计信息质量普遍较低（叶青等，2012）。从世界范围来看，在早期，由于应计盈余管理只需要改变会计手段即可实现，操作成本低，对企业的负面影响相对更低，因此是管理层盈余操控的主要手段。然而，近年来投资者保护制度和各种法律法规制度的完善，使得管理层逐渐选择转向更加隐蔽的真实盈余管理（龚启辉等，2015）。因此，在这样的理论和现实背景下，探究强制性内部控制审计的实施对企业真实盈余管理的影响成为检验我国"萨班斯法案"实施效果的一个重要研究方向。

## 第一节　理论分析与假设提出

### 一、强制性内部控制审计与企业真实盈余管理

现代企业两权分离带来了各种代理问题，委托人和代理人之间存

在信息不对称，双方存在利益冲突。依据不完全契约理论，由于契约的不完备性，管理者作为代理人为了谋取私利，很有可能通过盈余管理对企业利润进行操纵。高管既可以利用会计准则赋予的自由裁量权进行盈余信息操纵，也可以通过虚构真实交易等手段对利润进行操控。然而，真实盈余管理与应计盈余管理不同，它并不是对会计科目进行调整，而是通过构造真实交易来达到财务目标的会计盈余操纵行为。

内部控制制度的一个基本目标即合理保证企业实现报告目标，即保证企业财务报告信息的可靠性，而盈余管理水平的高低会直接影响到财务信息质量。有效的内部控制制度能够通过对公司高管盈余操纵等行为加以监督控制，相关的研究也证实了企业内部控制对盈余管理的抑制效应。基于美国市场的研究表明，企业内部控制重大缺陷越多，会计信息质量会越差（Ashbaugh-Skaife 等，2008；Chan 等，2008；Doyle 等，2007；Goh 和 Li，2011）。李英等（2016）的研究表明我国内部控制规范体系对于认知性盈余管理的抑制效果具有阶段性和时效性的特征。陈汉文等（2019）在研究独立董事联结与内部控制在治理企业盈余管理的角色定位时发现，无论是应计还是真实盈余管理，内部控制均能很显著地发挥治理效应。

在披露管制的政策实施背景下，所有符合条件的公司须按照统一的标准执行强制性内部控制审计。被纳入强制性披露范围的企业须严格遵循相关规定，及时对外披露董事会对公司内部控制的自我评价报告以及注册会计师出具的财务报告内部控制审计报告。因而，强制性内部控制审计的实施有助于发现企业在内部控制设计及运行过程中存在的缺陷，缓解内部控制自我评价报告可能存在的内部视角约束和选择性披露等问题，向市场传递更为准确而全面的企业内部控制运行状况信息。同时，在披露管制的政策实施背景下，企业面临来自监管方和资本市场的双重约束，而审计师由于受到"深口袋"和"声誉机制"的约束，其风险意识也更强，出具的内部控制审计报告保证水平更高，并具有一定的威慑力和法律效力。综上，强制性内部控制审计的实施有助于企业完善内部控制制度，实现内部控制审计鉴证、监督和信号功能，发挥内部控制审计对内部控制目标实现的治理效应。因而，基于公司治理的视角来看，强制性内部控制审计作为一项重要的市场监管制度，能够从如下三个方面发挥治理机制，约束企业的真实盈余管理：其一，股东可以依据经审计后的内部控制审计报告评判管理层受托责任履行情况，有助于缓解委托人和代理人间的代理问题，提高信息与沟通的效率，压缩管理层操纵盈余的空间，发挥强制性内部控制审计对企业真实盈余管理的鉴证功能；其二，来自监管部门、资本市场和审计师等的压力可以督促企业及时发现经营过程中发生的主观故意和非主观故意性估计误差，塑造和培育有效的内部控制文化和控制环境，提高企业的盈余质量，发挥强制性内部控制审计对企业真实盈余管理的监督功能；其三，相比管理层出具的内部控制评价报告，经第三方鉴证的内部控制审计报告更客观全面，能够有效帮助外部人发现企业与财务报告有关的一般缺陷、重要缺陷与重大缺陷，识别可能存在问题的异常交易，降低外部人的信息不对称，提高财务报告的透明度（刘启亮等，2013），发挥强制性内部控制审计对企业真实盈余管理的信号功能。综上，本章认为，强制性内部控制审计的实施，发挥了外部审计对企业真实盈余管理行为的监督和治理效应，并提出假设5.1：

假设5.1：强制性内部控制审计的实施有助于抑制企业的真实盈余管理。

同时，我们还不能忽略从监管压力的视角来看，强制性内部控制审计制度的颁布致使管理层面临更强的约束与监管，内部控制监管收紧产生的监管压力会导致管理层选择操纵更隐蔽、法律风险更低的真实盈余管理行为，进而公司的真实盈余管理程度上升。

## 二、制度环境、强制性内部控制审计与企业真实盈余管理

中国是一个地域辽阔的国家，企业所处地区间发展不平衡，外部制度环境存在巨大差异，市场化程度也不尽相同。市场化进程又会通过影响企业所在地区行政、法律等制度来影响企业的外部环境（李慧云和刘镝，2016）。接下来，本章拟从市场化水平和法治化水平两个方面考察制度环境对强制性内部控制审计抑制企业真实盈余管理治理效应的影响。对于市场化水平和法治化水平较低的地区，市场配置资源的基础作用比较差，企业会计信息披露不完善，再加上法律体系和投资者保护制度相对较弱，使得管理层有机会通过粉饰报表和提高盈余等手段实现盈余管理（田利辉和张伟，2013）。此时，强制性内部控制审计对于企业真实盈余管理的抑制效应有限。相反，在法治化水平较高的地区，法律监管体系较为完善，政府干预较少，投资者法律保护和公司治理水平更完善（叶康涛等，2010），有利于强制性内部控制审计对企业真实盈余管理的抑制效应的发挥。同时，较高的市场化水平还会促进行业良好竞争环境的形成，企业间信息流通更顺畅，压缩管理层盈余操纵的空间（赵莉和张玲，2020），给强制性内部控制审计发挥治理效应提供了更有利的环境。因此，本章预期强制性内部控制审计的实施对企业真实盈余管理的抑制效应在地区制度环境（市场化水平和法治化水平）较好的地区更显著，进而我们提出如下假设：

假设5.2：地区制度环境（市场化水平和法治化水平）能增强强制性内部控制审计的实施对企业真实盈余管理的抑制效应。

### 三、代理成本、强制性内部控制审计与企业真实盈余管理

现代企业所有权与经营权分离的经营模式，导致了管理者和股东之间产生了信息不对称及代理问题（Jensen 和 Meckling，1976）。在信息不对称的情境下，代理人偏离委托人利益的自利行为的可能性较大。管理者不再以追求股东利益最大化为目标，而是更多地考虑攫取个人私利。企业管理层与投资者之间的信息不对称成为盈余管理存在的必要条件（曾建光等，2013）。一方面，当代理问题严重时，企业信息透明度降低，管理层有较强动机去隐藏自利行为，进行盈余操纵（聂萍等，2020）。另一方面，由于企业与外部的信息不对称问题的加剧，透明度程度降低，阻碍了外部审计监督机制的发挥，削弱了强制性内部控制审计对企业真实盈余管理的抑制效应。因此，本章预期强制性内部控制审计的实施对企业真实盈余管理的抑制效应在代理成本较高的企业会减弱，进而我们提出如下假设：

假设5.3：代理成本会削弱强制性内部控制审计的实施对企业真实盈余管理的抑制效应。

## 第二节　研究设计

### 一、数据来源和样本选择

主板、中小板和创业板企业在诸如挂牌条件、交易制度、风险警示制度和投资主体要求等方面存在差异，因此在本章的主回归分析中仅以沪深两市 A 股主板非金融上市公司作为研究对象[①]。考虑到从

---

[①]　为了保证结果的稳健性，在后续稳健性章节，我们还考虑加入中小板和创业板企业的样本。

2007年1月1日起，上市公司需执行实施的新会计准则，2007年企业的经营活动可能会受到新会计准则发布的干扰，因此本章的样本区间设定从2008年开始。根据《分类分批实施通知》的要求，所有主板上市公司都必须在2014年之前披露年报的同时，披露董事会对公司内部控制的自我评价报告以及注册会计师出具的财务报告内部控制审计报告。同时，证监会与财政部于2014年发布21号文，明确要求披露内部控制评价报告的上市公司，在公布年度报告时，详细披露内部控制缺陷认定标准、内部控制缺陷及整改情况，以规范上市公司的内部控制信息披露行为。考虑到该制度的颁布使得内部控制评价报告披露的内容更为细化，可能会进一步提升企业内部控制设计及运行的质量，进而对本章的结论产生一定的影响，因此本章的样本数据截至2014年。综上，本章主回归分析采用的样本区间设定为2008—2014年[①]。首先，我们从CSMAR数据库获取了沪深两市A股主板非金融上市企业，总共有9 746个企业-年观测值。剔除在2011年率先执行强制性内部控制审计的境内外同时上市的企业，以及无法判定企业执行内部控制审计年份的样本（包括无法判定企业所有权性质、净利润和市值是否达标）后，剩下9 389个企业-年观测值。接着，我们剔除746个真实盈余管理数据缺失的样本和656个控制变量数据缺失的样本，最后保留了7 987个企业-年观测值作为总样本，详见表5-1的Panel A。同时，为避免极端值的影响，本章对所有连续变量进行上下1%的缩尾处理。

表5-1的Panel B展示了按年划分的样本分布。观测值在样本区间2008—2014年间稳步上升，从2008年的1 050个样本（13.15%）波动上升到2014年的1 166个样本（14.60%），符合中国资本市场发

---

① 为了保证结果的稳健性，在后续稳健性章节，我们还考虑加入中小板和创业板企业的样本并将样本扩展到2018年。

展的实际情况。真实盈余管理水平在《分类分批实施通知》实施之后有所回升，还需后续单变量检验和回归分析的进一步检验。表5-1的Panel C展示了按证监会2012年发布的《上市公司行业分类指引》划分的行业样本分布，超过半数的观测值都来自制造业，这也与我国资本市场上市企业行业分布情况相符。其中，采矿业和房地产业的真实盈余管理程度最高，信息传输、软件和信息技术服务业和文化、体育和娱乐业的真实盈余管理程度最低。

表5-1 样本描述

| Panel A：样本选择过程 | |
| --- | --- |
| 2008—2014年沪深两市A股主板非金融上市公司 | 9 746 |
| 剔除无法判定和2011年率先执行的样本 | −357 |
| 剔除真实盈余管理数据缺失的样本 | −746 |
| 剔除控制变量数据缺失的样本 | −656 |
| 总样本 | 7 987 |

| Panel B：按年划分的样本分布 | | | |
| --- | --- | --- | --- |
| 年度 | 样本量 | 占比（%） | *REM* |
| 2008 | 1 050 | 13.15 | 0.0169 |
| 2009 | 1 089 | 13.63 | 0.0144 |
| 2010 | 1 068 | 13.37 | −0.0005 |
| 2011 | 1 145 | 14.34 | −0.0139 |
| 2012 | 1 246 | 15.60 | −0.0035 |
| 2013 | 1 223 | 15.31 | −0.0108 |
| 2014 | 1 166 | 14.60 | 0.0026 |
| 总样本 | 7 987 | 100.00 | 0.0003 |

### Panel C：按行业划分的样本分布

| 行业 | 样本量 | 占比（%） | *REM* |
|---|---|---|---|
| 农、林、牧、渔业 | 112 | 1.40 | −0.0065 |
| 采矿业 | 315 | 3.94 | 0.0218 |
| 制造业 | 4 276 | 53.55 | 0.0006 |
| 电力、热力、燃气及水生产和供应业 | 490 | 6.13 | 0.0006 |
| 建筑业 | 198 | 2.48 | −0.0114 |
| 批发和零售业 | 721 | 9.03 | −0.0072 |
| 交通运输、仓储和邮政业 | 412 | 5.16 | 0.0020 |
| 信息传输、软件和信息技术服务业 | 289 | 3.62 | −0.0314 |
| 房地产业 | 712 | 8.91 | 0.0219 |
| 租赁和商务服务业 | 95 | 1.19 | −0.0054 |
| 科学研究和技术服务业 | 16 | 0.20 | −0.0152 |
| 水利、环境和公共设施管理业 | 111 | 1.39 | −0.0159 |
| 文化、体育和娱乐业 | 109 | 1.36 | −0.0330 |
| 综合 | 131 | 1.64 | −0.0021 |
| 总样本 | 7 987 | 100 | 0.0003 |

## 二、模型设定

本章采用标准的政策评估方法——双重差分法检验强制性内部控制审计的实施对企业真实盈余管理的影响。我们以 2012 年颁布的《分类分批实施通知》为自然实验背景，这样的研究设定在解决内生性问题上具有如下优势：其一，上市公司作为政策实施主体几乎不会对强制性内部控制审计制度的设计和制定产生影响。同时，对于不同批次企业的划分是基于 2009—2011 年的历史数据，这很好地解决了样本选择的非随机性问题。其二，新政策对于研究样本企业来说是外生事件，并且是逐步推行的，可以找到相应的实验组和控制组。Cohen 等（Cohen 等，2010）发现在萨班斯法案实施后，美国企业的应计管理呈现不断降低的发展趋势，而真实盈余管理活动却逐年递增。与此同时，实践中真实盈余管理和应计盈余管理很可能存在一定程度的重叠，因此本章采用学者们常用的真实盈余管理（*REM*）衡量方法来控制后者的影响（谢德仁和廖珂，2018）。

*REM*$_t$表示企业在第 *t* 年的真实盈余管理水平，本章参考Roychowdhury（2006）、谢德仁和廖珂（2018）、谢德仁等（2018）和袁知柱等（2014）的方法，首先剔除年度行业样本数不足15个的样本，接着分别按年和行业回归估计残差计算出异常经营活动现金流（*ACFO*）、异常费用成本（*ADISEXP*）和异常生产成本（*APROD*）。最后，我们使用如上三个真实盈余管理指标来衡量公司向上操纵盈余的真实盈余管理程度*REM*，具体计算过程如式（5.1）所示。

$$REM_t = APROD_t - ACFO_t - ADISEXP_t \tag{5.1}$$

为了检验假设5.1强制性内部控制审计的实施对企业真实盈余管理的影响，本章使用双重差分法构建OLS回归式（5.2）进行检验：

$$REM_t = \beta_0 + \beta_1 TREATPOST_t + Controls_t + Firm\ Year\ FE + \varepsilon_t \tag{5.2}$$

其中，因变量*REM*$_t$表示企业在第 *t* 年向上操纵盈余的真实盈余管理水平。由于我国强制性内部控制审计制度的实施具有分类分批性，本章借鉴王嘉鑫（2020）、Lennox和Wu（2021）的研究，使用较为广泛的多时点双重差分法，设置自变量*TREATPOST*$_t$区分实验组和控制组，并同时控制了制度实施年度。具体来说：对于主板上市的国有企业，2012年及以后*TREATPOST*$_t$为1，2012年以前为0；对于符合市值和净利润条件的非国有主板上市公司，2013年及以后*TREATPOST*$_t$为1，2013年以前为0；对于不符合条件的主板上市非国有企业，2014年*TREATPOST*$_t$为1，2014年以前为0。*TREATPOST*$_t$前的回归系数$\beta_1$反映强制性内部控制审计制度颁布前后实验组与控制组间的真实盈余管理水平差异，本章预期$\beta_1$的系数为负。

*Controls*$_t$为一系列可能影响企业真实盈余管理水平的控制变量，

主要包括：市账比 $MB_t$、盈利能力 $ROA_t$、企业规模 $SIZE_t$、财务杠杆水平 $LEV_t$、营业收入增长率 $GROWTH_t$、股权集中度 $HLD_t$、两职合一虚拟变量 $DUALITY_t$、董事会规模 $BOARD_t$、独立董事比例 $INDEP_t$ 和管理层持股比例 $MANAGER_t$。同时，我们还控制了企业和年度固定效应，并对标准误差在企业层面 Cluster 群聚调整，主要变量的定义详见表5-2。

表5-2　　　　　　　　　　　　主要变量定义

| 变量种类 | 变量名称 | 计算方式 |
|---|---|---|
| 被解释变量 | $REM_t$ | 企业在第 $t$ 年向上操纵盈余的真实盈余管理程度，等于企业异常产品生产成本数额减去异常经营活动产生的现金流和异常费用成本 |
| 解释变量 | $TREATPOST_t$ | 企业在第 $t$ 年及以后是否被强制性要求实施内部控制审计，是则为1，否则为0 |
| 控制变量 | $MB_t$ | 企业在第 $t$ 年的市账比，等于所有者权益市值和账面价值之比 |
| | $ROA_t$ | 企业在第 $t$ 年的盈利能力，等于净利润/总资产 |
| | $SIZE_t$ | 企业在第 $t$ 年的规模，等于总资产的自然对数 |
| | $LEV_t$ | 企业在第 $t$ 年的财务杠杆，等于企业资产总额除以负债总额 |
| | $GROWTH_t$ | 企业在第 $t$ 年的营业收入增长率 |
| | $HLD_t$ | 企业在第 $t$ 年的股权集中度指标，等于企业第一大股东的持股比例 |
| | $DUALITY_t$ | 企业在第 $t$ 年的总经理与董事长两职设立的虚拟变量，如果总经理与董事长两职合一，则为1，否则为0 |
| | $BOARD_t$ | 企业在第 $t$ 年的董事会规模，它等于董事会总人数 |
| | $INDEP_t$ | 企业在第 $t$ 年的独立董事比例 |
| | $MANAGER_t$ | 企业在第 $t$ 年的管理层持股比例 |
| 其他变量 | $APROD_t$ | 企业在第 $t$ 年的异常生产成本 |
| | $ACFO_t$ | 企业在第 $t$ 年的异常经营活动现金流 |
| | $ADISEXP_t$ | 企业在第 $t$ 年的异常费用成本 |
| | $SOE_t$ | 企业在第 $t$ 年为国有企业则为1，否则为0 |
| | $MKT_t$ | 企业注册地在第 $t$ 年的市场化水平（数据来自王小鲁等（2019）提供的"地区市场化进程指数"） |
| | $LAW_t$ | 企业注册地在第 $t$ 年的法治化水平（数据来自王小鲁等（2019）提供的"市场中介组织的发育与法律制度环境指数"） |
| | $AGENCY_t$ | 企业在第 $t$ 年的代理成本，等于管理费用和销售费用之和与主营业务收入的比值 |

在检验假设 5.2 时，本章分别在式（5.2）中加入 $MKT_t$、$MKT_t*$ $TREATPOST$、$LAW_t$ 和 $LAW_t*TREATPOST$,考虑企业注册地所在地区的市场化水平和法治化水平对强制性内部控制审计与企业真实盈余管理关系的调节影响。其中，市场化水平 $MKT_t$（地区市场化进程指数）是根据大量的统计和调查资料，按政府与市场的关系、非国有经济的发展、产品市场的发育程度、要素市场的发育程度以及市场中介发育和法律制度环境等五个方面权重合成的；法治化水平 $LAW_t$（市场中介组织的发育与法律制度环境指数）是综合考虑了市场中介组织的发育、维护市场的法治环境和知识产权保护三个方面的因素编制而成的指标。由此可见，地区市场化水平 $MKT_t$ 综合地衡量了地区的制度环境，而法治化水平 $LAW_t$ 则从较为具体的角度衡量了地区的制度环境。

在检验假设 5.3 时，本章在式（5.2）中加入 $AGENCY_t$ 和 $AGENCY_t*TREATPOST$,考虑管理者和股东的代理成本对强制性内部控制审计与企业真实盈余管理关系的调节影响。经营费用率（$AGENCY_t$）用以衡量管理者和股东间代理成本的大小，其等于管理费用和销售费用之和与主营业务收入的比值。

### 三、描述性统计

表 5-3 为主要变量的描述性统计。$REM$ 的最小值为 -1.7134，最大值为 1.3393，标准差为 0.2346，表明样本企业的真实盈余管理水平存在较大差异。此外，$REM$ 的均值大于中位数，表明真实盈余管理水平在全样本企业中呈现右偏分布。在控制变量方面，第一大股东持股比例 $HLD$ 的均值（中位数）为 0.3578（0.3343），表明第一大股东整体而言对上市公司有很强的控制力。$LEV$ 的均值为 0.5428，说明我国主板上市公司的资产负债率水平较高。

表 5-3                              主要变量描述性统计

| 变量 | 样本数 | 平均值 | 标准差 | 最小值 | 中位数 | 最大值 |
|---|---|---|---|---|---|---|
| *REM* | 7 987 | 0.0003 | 0.2346 | −1.7134 | −0.0047 | 1.3393 |
| *TREATPOST* | 7 987 | 0.3688 | 0.4825 | 0.0000 | 0.0000 | 1.0000 |
| *MB* | 7 987 | 4.8191 | 6.0937 | −23.5746 | 3.6720 | 75.4841 |
| *ROA* | 7 987 | 0.0288 | 0.0665 | −0.4813 | 0.0281 | 0.2260 |
| *SIZE* | 7 987 | 22.1545 | 1.3661 | 18.7022 | 22.0323 | 26.3819 |
| *LEV* | 7 987 | 0.5428 | 0.2262 | 0.0793 | 0.5440 | 1.9937 |
| *GROWTH* | 7 987 | 0.2089 | 0.7535 | −0.7669 | 0.0925 | 7.6193 |
| *HLD* | 7 987 | 0.3578 | 0.1590 | 0.0641 | 0.3343 | 0.7889 |
| *DUALITY* | 7 987 | 0.1327 | 0.3393 | 0.0000 | 0.0000 | 1.0000 |
| *BOARD* | 7 987 | 9.1559 | 1.8611 | 5.0000 | 9.0000 | 15.0000 |
| *INDEP* | 7 987 | 0.3673 | 0.0522 | 0.2500 | 0.3333 | 0.5714 |
| *MANAGER* | 7 987 | 0.0097 | 0.0484 | 0.0000 | 0.0000 | 0.4152 |

## 四、相关性分析

表 5-4 列示了主要变量的相关性分析结果，其中上三角为 Spearman 相关系数，下三角为 Pearson 相关系数。我们可以看出，*REM* 和 *TREATPOST* 之间无论是 Spearman 还是 Pearson 系数都呈现负显著关系，这表明它们两两之间存在一定的关联，不过这是未同时控制其他相关变量的两两相关分析结果，在后续研究之中会添加控制变量，从而对上述关系开展更为精确的回归分析。各主要变量的相关系数均较低，初步表明各变量间没有明显的多重共线性问题。

表5-4

相关性分析

| 变量 | (1) | (2) | (3) | (4) | (5) | (6) | (7) | (8) | (9) | (10) | (11) | (12) |
|---|---|---|---|---|---|---|---|---|---|---|---|---|
| 1-REM | — | -0.0283 | 0.0404 | -0.2705 | -0.0082 | 0.1285 | -0.2130 | -0.0170 | 0.0008 | -0.0043 | 0.0056 | -0.0225 |
| 2-TREATPOST | -0.0215 | — | -0.0409 | -0.0561 | 0.2496 | 0.0140 | -0.1270 | 0.0893 | -0.0222 | 0.0146 | 0.0392 | -0.0284 |
| 3-MB | 0.0518 | 0.0139 | — | -0.1280 | -0.1334 | 0.4688 | 0.0767 | -0.0997 | 0.0398 | -0.0414 | 0.0063 | -0.0216 |
| 4-ROA | -0.1519 | -0.0199 | -0.0819 | — | 0.1238 | -0.3701 | 0.3031 | 0.1223 | -0.0076 | 0.0375 | -0.0318 | 0.1053 |
| 5-SIZE | 0.0319 | 0.2476 | -0.1702 | 0.1587 | — | 0.2754 | 0.1501 | 0.3245 | -0.1008 | 0.2485 | 0.0604 | 0.0933 |
| 6-LEV | 0.0934 | -0.0113 | 0.1717 | -0.3790 | 0.1622 | — | 0.0518 | 0.0354 | -0.0274 | 0.0687 | 0.0228 | -0.0171 |
| 7-GROWTH | -0.1165 | -0.0743 | 0.0295 | 0.1658 | 0.0309 | 0.0342 | — | 0.0685 | -0.0222 | 0.0408 | -0.0056 | 0.0355 |
| 8-HLD | -0.0031 | 0.0901 | -0.0818 | 0.1250 | 0.3469 | 0.0043 | 0.0623 | — | -0.1289 | 0.0456 | 0.0157 | -0.2353 |
| 9-DUALITY | 0.0049 | -0.0222 | 0.0221 | -0.0197 | -0.0999 | -0.0154 | 0.0010 | -0.1248 | — | -0.1204 | 0.0180 | 0.0748 |
| 10-BOARD | -0.0186 | 0.0233 | -0.0350 | 0.0474 | 0.2773 | 0.0504 | -0.0174 | 0.0564 | -0.1166 | — | -0.3002 | 0.0234 |
| 11-INDEP | 0.0165 | 0.0375 | 0.0133 | -0.0297 | 0.0722 | 0.0295 | 0.0064 | 0.0387 | 0.0302 | -0.3072 | — | -0.0210 |
| 12-MANAGER | -0.0166 | -0.0095 | -0.0134 | 0.0473 | -0.0059 | -0.0351 | 0.0273 | -0.1038 | 0.1234 | -0.0446 | 0.0220 | — |

注：上三角为Spearman相关系数，下三角为Pearson相关系数。加粗的系数表示在1%、5%或者10%的水平上显著。

## 五、单变量检验分析

表5–5列示出实验组和控制组在强制性实施内部控制审计前后企业真实盈余管理水平的单变量差异检验结果。实施内部控制审计之后的样本企业相比没有实施内部控制审计以及实施内部控制审计之前的样本企业，真实盈余管理水平更低。同时，组间的系数T检验和Z检验均显著，这也初步验证了强制性内部控制审计的实施有助于抑制企业的真实盈余管理水平。

表5–5　　　　　　　　　　　　单变量检验分析

| 变量 | TREATPOST=0 （N=5 041） | | TREATPOST=1 （N=2 946） | | T检验 | Z检验 |
|---|---|---|---|---|---|---|
| | 平均值 | 中位数 | 平均值 | 中位数 | | |
| REM | 0.0041 | −0.0019 | −0.0063 | −0.0084 | 0.0105* | 0.0065** |
| MB | 4.7544 | 3.7499 | 4.9296 | 3.5524 | −0.1752 | 0.1975*** |
| ROA | 0.0298 | 0.0297 | 0.0270 | 0.0253 | 0.0027* | 0.0044*** |
| SIZE | 21.8959 | 21.8071 | 22.5969 | 22.4728 | −0.7010*** | −0.6657*** |
| LEV | 0.5448 | 0.5426 | 0.5395 | 0.5490 | 0.0053 | −0.0064 |
| GROWTH | 0.2517 | 0.1181 | 0.1357 | 0.0510 | 0.1160*** | 0.0671*** |
| HLD | 0.3468 | 0.3205 | 0.3765 | 0.3603 | −0.0297*** | −0.0398*** |
| DUALITY | 0.1385 | 0.0000 | 0.1229 | 0.0000 | 0.0156** | 0.0000** |
| BOARD | 9.1228 | 9.0000 | 9.2125 | 9.0000 | −0.0897** | 0.0000** |
| INDEP | 0.3658 | 0.3333 | 0.3699 | 0.3333 | −0.0041*** | 0.0000*** |
| MANAGER | 0.0101 | 0.0000 | 0.0091 | 0.0000 | 0.0010 | 0.0000*** |

## 第三节　实证结果与分析

### 一、强制性内部控制审计与企业真实盈余管理

表5-6展示了强制性内部控制审计的实施与企业真实盈余管理水平的回归结果，其中第（1）列为不加入控制变量但控制年度和企业固定效应的回归结果，第（2）列为加入控制变量，并控制年度和企业固定效应的回归结果。从表5-6可以看出，在第（1）列中，*TREATPOST*和真实盈余管理*REM*在1%的水平上显著为负（-0.0294，t=-2.68）。在加入了相关控制变量之后，如第（2）列所示，*TREATPOST*和真实盈余管理*REM*依旧在1%的水平上显著为负（-0.0336，t=-3.04）。这说明强制性内部控制审计的实施抑制了企业真实盈余管理水平，否定了监管压力的假说，假设5.1得到验证。

表5-6　　　　强制性内部控制审计与企业真实盈余管理

| 变量 | (1) REM | (2) REM |
|---|---|---|
| *TREATPOST* | -0.0294*** | -0.0336*** |
|  | (-2.68) | (-3.04) |
| *MB* |  | 0.0028*** |
|  |  | (3.83) |
| *ROA* |  | -0.2725*** |
|  |  | (-3.12) |
| *SIZE* |  | 0.0780*** |
|  |  | (5.42) |
| *LEV* |  | -0.0402 |
|  |  | (-0.86) |

| 变量 | （1）<br>REM | （2）<br>REM |
|------|------|------|
| GROWTH | | −0.0472*** |
| | | （−5.92） |
| HLD | | −0.0075 |
| | | （−0.09） |
| DUALITY | | 0.0244** |
| | | （1.98） |
| BOARD | | −0.0011 |
| | | （−0.23） |
| INDEP | | 0.0840 |
| | | （0.79） |
| MANAGER | | −0.2865 |
| | | （−0.88） |
| _CONS | 0.0170* | −1.6693*** |
| | （1.70） | （−5.41） |
| YEAR FE | YES | YES |
| FIRM FE | YES | YES |
| N | 7 987 | 7 987 |
| Adj-R² | 0.0030 | 0.0442 |

注：第（1）列表示在没有加入控制变量的情况下的回归结果，第（2）列表示加入控制变量后的回归结果；括号内数字为双尾检验的t值；标准误差经过企业层面Cluster群聚调整；***、**、*分别表示在1%、5%、10%水平上显著。

## 二、制度环境、强制性内部控制审计与企业真实盈余管理

本章参照王小鲁等（2019）编制的地区市场化进程指数和市场中介组织的发育与法律制度环境指数来测度企业注册地所在地区的市场

化水平和法治化水平。*MKT*和*LAW*越高，则表明该地区市场化水平和法治化水平越高。参考以往研究，我们对数据缺失的奇数年份采用前后年取平均数的方法进行填充。

表5-7分别从市场化水平和法治化水平两个角度展示了制度环境对强制性内部控制审计的实施与企业真实盈余管理关系的调节效应。第（1）列展示了市场化水平对强制性内部控制审计的实施与企业真实盈余管理关系的调节效应。交乘项*TREATPOST*MKT*前的系数在10%的水平上显著为负（−0.0246，t=−1.83），这表明强制性内部控制审计的实施对企业真实盈余管理的抑制效应在市场化水平较高的地区更显著，从市场化水平的角度验证了假设5.2。第（2）列展示了法治化水平对强制性内部控制审计的实施与企业真实盈余管理关系的调节效应。交乘项*TREATPOST*LAW*前的系数在10%的水平上显著为负（−0.0296，t=−1.76），这表明强制性内部控制审计的实施对企业真实盈余管理的抑制效应在法治化水平较高的地区更显著，从法治化水平的角度验证了假设5.2。

表5-7　制度环境、强制性内部控制审计与企业真实盈余管理

| 变量 | （1） | （2） |
|------|-------|-------|
|      | *REM* | *REM* |
| *TREATPOST* | −0.0155 | −0.0012 |
|             | （−0.54） | （−0.84） |
| *MKT* | −0.0026 |  |
|       | （−0.76） |  |
| *TREATPOST*MKT* | −0.0246* |  |
|                 | （−1.83） |  |
| *LAW* |  | −0.0073* |
|       |  | （−1.88） |
| *TREATPOST*LAW* |  | −0.0296* |
|                 |  | （−1.76） |

| 变量 | （1）<br>REM | （2）<br>REM |
|---|---|---|
| MB | 0.0028*** | 0.0028*** |
| | （3.82） | （3.85） |
| ROA | −0.2679*** | −0.2916*** |
| | （−3.06） | （−3.28） |
| SIZE | 0.0764*** | 0.0748*** |
| | （5.40） | （5.15） |
| LEV | −0.0361 | −0.0301 |
| | （−0.77） | （−0.63） |
| GROWTH | −0.0475*** | −0.0508*** |
| | （−5.93） | （−6.41） |
| HLD | −0.0061 | 0.0074 |
| | （−0.07） | （0.09） |
| DUALITY | 0.0249** | 0.0233* |
| | （2.03） | （1.87） |
| BOARD | −0.0011 | −0.0013 |
| | （−0.22） | （−0.26） |
| INDEP | 0.0787 | 0.0859 |
| | （0.74） | （0.79） |
| MANAGER | −0.2889 | −0.2742 |
| | （−0.88） | （−0.84） |
| _CONS | −1.4926*** | −1.5864*** |
| | （−4.68） | （−5.04） |
| YEAR FE | YES | YES |
| FIRM FE | YES | YES |
| N | 7 987 | 7 987 |
| Adj-R² | 0.0460 | 0.0499 |

注：括号内数字为双尾检验的t值；标准误差经过企业层面Cluster群聚调整；***、**、*分别表示在1%、5%、10%水平上显著。

### 三、代理成本、强制性内部控制审计与企业真实盈余管理

表5-8展示了代理成本对强制性内部控制审计的实施与企业真实盈余管理关系的调节效应。交乘项*TREATPOST\*AGENCY*前的系数在1%的水平上显著为正（0.1038，t=2.84），这表明代理成本会削弱强制性内部控制审计的实施对企业真实盈余管理的抑制效应，验证了假设5.3。

表5-8　代理成本、强制性内部控制审计与企业真实盈余管理

| 变量 | REM |
| --- | --- |
| *TREATPOST* | −0.0485\*\*\* |
| | （−3.84） |
| *AGENCY* | −0.1211\*\* |
| | （−1.98） |
| *TREATPOST\* AGENCY* | 0.1038\*\*\* |
| | （2.84） |
| *MB* | 0.0025\*\*\* |
| | （3.49） |
| *ROA* | −0.2894\*\*\* |
| | （−3.33） |
| *SIZE* | 0.0738\*\*\* |
| | （5.18） |
| *LEV* | −0.0281 |
| | （−0.61） |
| *GROWTH* | −0.0505\*\*\* |
| | （−6.22） |
| *HLD* | 0.0009 |
| | （0.01） |
| *DUALITY* | 0.0249\*\* |
| | （2.06） |
| *BOARD* | −0.0010 |
| | （−0.21） |

| 变量 | REM |
|---|---|
| INDEP | 0.0886 |
| | (0.83) |
| MANAGER | −0.3097 |
| | (−0.98) |
| _CONS | −1.6194*** |
| | (−5.12) |
| YEAR FE | YES |
| FIRM FE | YES |
| N | 7 987 |
| Adj-R² | 0.0468 |

注：括号内数字为双尾检验的 t 值；标准误差经过企业层面 Cluster 群聚调整；***、**、*分别表示在 1%、5%、10% 水平上显著。

## 第四节　稳健性分析

### 一、平行趋势假设验证

双重差分的一个主要前提是应满足平行趋势假设，即如果没有外生事件发生，实验组和控制组之间的发展趋势应保持一致，并且不随时间而出现系统性差异。我们借鉴王嘉鑫（2020）的方法通过观察政策在各个年度的动态效应来检验平行趋势假设。具体来说，本章构建各个年度虚拟变量和是否强制性实施内部控制审计虚拟变量的交乘项来替代 TREATPOST：TREATPRE_2、TREATPRE_1、TREATPOST_0、TREATPOST_1 和 TREATPOST_2，分别表示 2010 年、2011 年、2012 年、2013 年和 2014 年，然后纳入式（5.2）中进行估计。表 5-9 的结果显示，TREATPRE_2 和 TREATPRE_1 的系数分别为 −0.0364 和

-0.0767，均不显著，这说明强制性内部控制审计实施之前，实验组和控制组没有显著差异。然而，在制度实施之后，*TREATPOST_0*、*TREATPOST_1* 和 *TREATPOST_2* 的回归系数变为负显著（*TREATPOST_0* 的系数为 -0.1162，t=-2.25，在 5% 的水平上显著；*TREATPOST_1* 的系数为 -0.1504，t=-3.29，在 1% 的水平上显著；*TREATPOST_2* 的系数为 -0.1634，t=-3.07，在 1% 的水平上显著），表明强制性内部控制审计制度的实施导致了实验组和控制组间真实盈余管理水平产生了系统性差异，相比于控制组，实验组样本企业的真实盈余管理水平更低，验证了平行趋势假定。

表5-9 平行趋势检验

| 变量 | REM |
| --- | --- |
| *MB* | 0.0028*** |
| | （3.90） |
| *ROA* | -0.2735*** |
| | （-3.12） |
| *SIZE* | 0.0786*** |
| | （5.42） |
| *LEV* | -0.0430 |
| | （-0.92） |
| *GROWTH* | -0.0473*** |
| | （-5.94） |
| *HLD* | -0.0108 |
| | （-0.13） |
| *DUALITY* | 0.0247** |
| | （2.01） |

| 变量 | REM |
|---|---|
| BOARD | −0.0010 |
| | （−0.20） |
| INDEP | 0.0862 |
| | （0.81） |
| MANAGER | −0.2710 |
| | （−0.83） |
| TREATPRE_2 | −0.0364 |
| | （−0.35） |
| TREATPRE_1 | −0.0767 |
| | （−1.16） |
| TREATPOST_0 | −0.1162** |
| | （−2.25） |
| TREATPOST_1 | −0.1504*** |
| | （−3.29） |
| TREATPOST_2 | −0.1634*** |
| | （−3.07） |
| _CONS | −1.7009*** |
| | （−5.54） |
| YEAR FE | YES |
| FIRM FE | YES |
| N | 7 987 |
| Adj-R² | 0.0464 |

注：括号内数字为双尾检验的 t 值；标准误差经过企业层面 Cluster 群聚调整；***、**、*分别表示在1%、5%、10%水平上显著。

## 二、考虑未来一期企业真实盈余管理水平

由于内部控制审计报告在每个会计年度结束之日起4个月内编制完成并披露，因此来自第三方会计师事务所发挥的治理效应可能会存在时滞性。借鉴李春涛等（2020）的研究，本章将式（5.2）中的因变量替换成未来一期的企业真实盈余管理水平 $REM_{t+1}$。表5-10报告了考虑未来一期企业真实盈余管理水平的回归结果。在第（1）列中，$TREATPOST$ 和未来一期的真实盈余管理 $REM_{t+1}$ 在10%的水平上显著为负（−0.0346，t=−1.94）。在加入了相关控制变量之后，如第（2）列所示，$TREATPOST$ 和未来一期的真实盈余管理 $REM_{t+1}$ 依旧在10%的水平上显著为负（−0.0270，t=−1.65）。这表明无论是否加入相关控制变量，强制性内部控制审计的实施都会对企业下一年的真实盈余管理水平发挥治理效应，这进一步验证了主结论的稳健性。

表5-10　　　　　　考虑未来一期企业真实盈余管理水平

| 变量 | （1）<br>$REM_{t+1}$ | （2）<br>$REM_{t+1}$ |
|---|---|---|
| $TREATPOST$ | −0.0346* | −0.0270* |
|  | （−1.94） | （−1.65） |
| $MB$ |  | −0.0005 |
|  |  | （−0.25） |
| $ROA$ |  | −0.0534 |
|  |  | （−0.20） |
| $SIZE$ |  | 0.0553 |
|  |  | （0.88） |
| $LEV$ |  | −0.1558* |
|  |  | （−1.67） |

| 变量 | （1）<br>$REM_{t+1}$ | （2）<br>$REM_{t+1}$ |
|---|---|---|
| GROWTH | | 0.0279*** |
| | | （3.20） |
| HLD | | 0.1593 |
| | | （0.59） |
| DUALITY | | 0.0207 |
| | | （0.51） |
| BOARD | | −0.0037 |
| | | （−0.35） |
| INDEP | | 0.1030 |
| | | （0.31） |
| MANAGER | | 0.1259 |
| | | （0.31） |
| _CONS | 0.0177 | −1.1627 |
| | （1.04） | （−0.74） |
| YEAR FE | YES | YES |
| FIRM FE | YES | YES |
| N | 7 960 | 7 960 |
| Adj-$R^2$ | 0.0018 | 0.0126 |

注：第（1）列表示在没有加入控制变量的情况下的回归结果，第（2）列表示加入控制变量后的回归结果；括号内数字为双尾检验的t值；标准误差经过企业层面 Cluster 群聚调整；***、**、*分别表示在1%、5%、10%水平上显著。

### 三、剔除自愿性内部控制审计的样本

作为两种不同的公司治理机制，强制性和自愿性内部控制审计在信息传递方式、监督和保险效应以及成本效益性等方面可能存在一定的差异（张国清和马威伟，2020）。为了保证实证结果的稳健性，本章将对照组中自愿性实施内部控制审计的样本剔除重新检验。表5-11报告了剔除自愿披露的样本后的回归结果。在第（1）列中，*TREATPOST* 和真实盈余管理 *REM* 在 10% 的水平上显著为负（−0.0189，t=−1.72）。在加入了相关控制变量之后，如第（2）列所示，*TREATPOST* 和真实盈余管理 *REM* 依旧在 10% 的水平上显著为负（−0.0220，t=−1.67）。这表明在对照组中剔除自愿性实施内部控制审计的样本之后，强制性内部控制审计的实施仍然与更低水平的真实盈余管理相关，进一步验证了主结论的稳健性。

表5-11 　　　　　　　　　**剔除自愿性内部控制审计的样本**

| 变量 | （1）<br>*REM* | （2）<br>*REM* |
|---|---|---|
| *TREATPOST* | −0.0189* | −0.0220* |
| | （−1.72） | （−1.67） |
| *MB* | | 0.0029*** |
| | | （3.59） |
| *ROA* | | −0.2349** |
| | | （−2.24） |
| *SIZE* | | 0.0571*** |
| | | （3.41） |
| *LEV* | | −0.0506 |
| | | （−0.90） |

| 变量 | （1）<br>REM | （2）<br>REM |
|---|---|---|
| GROWTH | | −0.0495*** |
| | | （−5.57） |
| HLD | | 0.0243 |
| | | （0.23） |
| DUALITY | | 0.0190 |
| | | （1.28） |
| BOARD | | 0.0154 |
| | | （0.29） |
| INDEP | | 0.0456 |
| | | （0.33） |
| MANAGER | | −0.1915 |
| | | （−0.59） |
| _CONS | 0.0149 | −1.2526*** |
| | （1.23） | （−3.53） |
| YEAR FE | YES | YES |
| FIRM FE | YES | YES |
| N | 5 677 | 5 677 |
| Adj-R² | 0.0030 | 0.0407 |

注：第（1）列表示在没有加入控制变量的情况下的回归结果，第（2）列表示加入控制变量后的回归结果；括号内数字为双尾检验的 t 值；标准误差经过企业层面 Cluster 群聚调整；***、**、*分别表示在1%、5%、10%水平上显著。

## 四、考虑中小板和创业板样本

虽然中小板和创业板企业在发行上市条件、交易机制和监管力度等方面存在差异，但考虑到只选择主板上市企业会损失大量样本，原因在于所有主板上市企业在2014年以后必须强制性实施内部控制审计而无对照组样本。因此，本章考虑加入中小板和创业板企业作为对照组样本进行重新检验。表5-12的第（1）列表示在没有加入控制变量的情况下的回归结果，第（2）列表示加入控制变量后的回归结果。在第（1）列中，*TREATPOST*和真实盈余管理*REM*在5%的水平上显著为负（-0.0169，t=-2.37）。在加入了相关控制变量之后，如第（2）列所示，*TREATPOST*和真实盈余管理*REM*依旧在5%的水平上显著为负（-0.0166，t=-2.23）。结果表明在放宽了样本范围之后，主回归结果依旧成立。

表5-12　　　　　　　　考虑中小板和创业板样本

| 变量 | (1) REM | (2) REM |
|---|---|---|
| *TREATPOST* | −0.0169** | −0.0166** |
|  | (−2.37) | (−2.23) |
| *MB* |  | 0.0032*** |
|  |  | (3.12) |
| *ROA* |  | −0.3005*** |
|  |  | (−3.73) |
| *SIZE* |  | 0.0732*** |
|  |  | (6.18) |
| *LEV* |  | −0.0589 |
|  |  | (−1.45) |

| 变量 | （1）REM | （2）REM |
|---|---|---|
| GROWTH | | −0.0585*** |
| | | （−6.93） |
| HLD | | −0.0258 |
| | | （−0.38） |
| DUALITY | | 0.0106 |
| | | （1.15） |
| BOARD | | −0.0002 |
| | | （−0.05） |
| INDEP | | 0.0696 |
| | | （0.79） |
| MANAGER | | 0.0368 |
| | | （0.48） |
| _CONS | 0.0034 | −1.5503*** |
| | （0.34） | （−5.94） |
| YEAR FE | YES | YES |
| FIRM FE | YES | YES |
| N | 11 614 | 11 614 |
| Adj-R² | 0.0019 | 0.0433 |

注：第（1）列表示在没有加入控制变量的情况下的回归结果，第（2）列表示加入控制变量后的回归结果；括号内数字为双尾检验的 t 值；标准误差经过企业层面 Cluster 群聚调整；***、**、*分别表示在 1%、5%、10% 水平上显著。

## 五、扩大样本时间范围

尽管所有主板上市公司都于2014年以后强制性实施内部控制审计，但是强制性内部控制审计的制度可能对企业有着长期的影响。为了观测该政策是否有持续的经济效应，本章在考虑创业板和中小板企业的同时，进一步扩大样本时间范围，将样本选取截至2018年。表5-13的第（1）列表示在没有加入控制变量的情况下的回归结果，第（2）列表示加入控制变量后的回归结果。在第（1）列中，*TREATPOST*和真实盈余管理*REM*在5%的水平上显著为负（-0.0140，t=-2.16）。在加入了相关控制变量之后，如第（2）列所示，*TREATPOST*和真实盈余管理*REM*依旧在5%的水平上显著为负（-0.0131，t=-1.99）。结果表明在放宽了样本时间范围之后，主回归结果依旧成立，即强制性内部控制审计制度在2014年后对企业真实盈余管理水平依旧发挥持续的治理效应。

表5-13 扩大样本时间范围

| 变量 | （1）<br>REM | （2）<br>REM |
|---|---|---|
| *TREATPOST* | -0.0140** | -0.0131** |
|  | （-2.16） | （-1.99） |
| *MB* |  | 0.0014** |
|  |  | （2.02） |
| *ROA* |  | -0.1888*** |
|  |  | （-5.83） |
| *SIZE* |  | 0.0373*** |
|  |  | （6.25） |

| 变量 | (1)<br>REM | (2)<br>REM |
|---|---|---|
| LEV | | −0.0134 |
| | | (−0.58) |
| GROWTH | | −0.0525*** |
| | | (−9.79) |
| HLD | | 0.0377 |
| | | (1.12) |
| DUALITY | | 0.0023 |
| | | (0.43) |
| BOARD | | −0.0012 |
| | | (−0.56) |
| INDEP | | 0.0179 |
| | | (0.35) |
| MANAGER | | 0.0153 |
| | | (0.61) |
| _CONS | 0.0017 | −0.7874*** |
| | (0.16) | (−5.85) |
| YEAR FE | YES | YES |
| FIRM FE | YES | YES |
| N | 21 290 | 21 290 |
| Adj-$R^2$ | 0.0014 | 0.0411 |

注：第（1）列表示在没有加入控制变量的情况下的回归结果，第（2）列表示加入控制变量后的回归结果；括号内数字为双尾检验的 t 值；标准误差经过企业层面 Cluster 群聚调整；\*\*\*、\*\*、\*分别表示在 1%、5% 和 10% 水平上显著。

## 六、替换模型设定

本章进一步采用另一种模型设定PSM-DID（Gong等，2016），该方法被认为是可以有效解决跨期多时点的自然实验设计问题，因为经过PSM后的样本可以用来在不同政策实施年度间进行比较。参考王永海和王嘉鑫（2017）的研究，本模型样本区间为2008—2013年，是考虑到如果将2014年及以后年度纳入样本区间，则不符合条件的非国有企业既是前两批次实施公司的对照组，又作为2014年及以后年度的实验组，这会对双重差分估计产生严重干扰。同时，为了确保有足够的对照组样本，我们还考虑加入中小板和创业板企业。首先，本章以式（5.2）中包含的所有控制变量上一期的数值作为特征变量，采用Probit回归计算当期成为实验组（$TREAT=1$）的得分并使用不放回的卡尺内的最近邻匹配进行逐年一对一匹配。对于卡尺的数值选择，本章参考陈强（2010）一书中对于最优卡尺选择的推荐方法，使用倾向得分的标准差乘以0.25，计算结果显示该值为0.063，因此选取0.05作为模型的卡尺数值。为了检验假设强制性内部控制审计的实施对企业真实盈余管理的影响，本章设计了如下模型：

$$REM_t = \beta_0 + \beta_1 TREAT_t + \beta_2 POST_t + \beta_3 TREAT_t * POST_t + Controls_t + \varepsilon_t \qquad (5.3)$$

其中，$POST$表示强制性内部控制审计政策实施前后的虚拟变量。具体来说，对于主板上市的国有企业，2012年以前为0，2012年及以后为1；对于符合条件的非国有主板上市公司，2013年为1，2013年及以前为0。$TREAT$用来区分实验组与控制组，当$TREAT$为1时，代表主板上市的国有企业以及符合条件的主板上市的非国有企业，即实验组；当$TREAT$为0时，代表不符合条件的主板上市非国有企业和中小板、创业板企业，即控制组。交互项$TREAT*POST$的系数反映强制性实施内部控制审计对企业真实盈余管理的影响，若本章的研究假设成立，我们预期系数 $\beta_3$ 应显著为负。

表5-14报告了替换模型设定后的检验结果，为了保证结果的稳健性，本章还采用了如下逐步放入控制变量和多种标准误差计算方法：第（1）列表示在没有加入控制变量的情况下的回归结果，第（2）列与第（3）列表示加入控制变量后的回归结果；此外，第（1）列与第（2）列的标准误差经过企业群聚效应调整，第（3）列的标准误差经过White异方差调整。结果显示，在所有列中 TREAT*POST 的系数均在1%的水平上显著为负（−0.0471，t=−5.00；−0.0557，t=−6.10；−0.0557，t=−6.24），进一步验证了主回归结果的稳健性。

表5-14                                             替换模型设定

| 变量 | （1）<br>REM | （2）<br>REM | （3）<br>REM |
|---|---|---|---|
| TREAT | 0.0275*** | 0.0234*** | 0.0234*** |
| | （3.08） | （2.61） | （2.91） |
| POST | 0.0272*** | 0.0236*** | 0.0236*** |
| | （3.61） | （3.30） | （3.37） |
| TREAT*POST | −0.0471*** | −0.0557*** | −0.0557*** |
| | （−5.00） | （−6.10） | （−6.24） |
| MB | | 0.0020** | 0.0020** |
| | | （2.11） | （2.29） |
| ROA | | −0.5676*** | −0.5676*** |
| | | （−8.58） | （−9.06） |
| SIZE | | 0.0108*** | 0.0108*** |
| | | （3.17） | （3.66） |

| 变量 | （1）<br>REM | （2）<br>REM | （3）<br>REM |
|---|---|---|---|
| LEV | | 0.0352 | 0.0352* |
| | | （1.64） | （1.82） |
| GROWTH | | −0.0408*** | −0.0408*** |
| | | （−4.56） | （−4.58） |
| HLD | | 0.0117 | 0.0117 |
| | | （0.62） | （0.69） |
| DUALITY | | 0.0036 | 0.0036 |
| | | （0.54） | （0.60） |
| BOARD | | −0.0054*** | −0.0054*** |
| | | （−3.04） | （−3.52） |
| INDEP | | −0.0097 | −0.0097 |
| | | （−0.18） | （−0.20） |
| MANAGER | | 0.0687*** | 0.0687*** |
| | | （4.07） | （4.59） |
| _CONS | −0.0195 | −0.1455** | −0.1455** |
| | （−1.03） | （−2.00） | （−2.29） |
| INDUSTRY FE | YES | YES | YES |
| N | 5 246 | 5 246 | 5 246 |
| Adj-R² | 0.0027 | 0.0518 | 0.0518 |

注：第（1）列表示在没有加入控制变量的情况下的回归结果，第（2）列与第（3）列表示加入控制变量后的回归结果；括号中的数字为双尾检验的t值，其中，第（1）列与第（2）列的标准误差经过企业群聚效应调整，第（3）列的标准误差经过White异方差调整；***、**、*分别表示在1%、5%和10%水平上显著。

## 七、加入其他控制变量

根据2012年《分类分批实施通知》的要求，A股主板上市企业根据股权性质、市值和净利润三个条件，分类分批实施内部控制审计。因此，本章进一步考虑在式（5.2）中加入是否为国有企业$SOE$、市值$MV$和净利润$NI$三个控制变量进行重新检验。表5-15报告了加入其他控制变量后的回归结果，其中第（1）列表示仅加入$SOE$、$MV$和$NI$后的回归结果，第（2）列表示加入所有控制变量后的回归结果，在两列中$TREATPOST$与$REM$均在5%的水平上显著为负（−0.0269，t=−2.18；−0.0262，t=−2.10），证明了主回归结果的稳健性。

表5-15 加入其他控制变量

| 变量 | （1）<br>REM | （2）<br>REM |
|---|---|---|
| TREATPOST | −0.0269** | −0.0262** |
|  | （−2.18） | （−2.10） |
| SOE | −0.0162 | −0.0174 |
|  | （−0.54） | （−0.59） |
| MV | 0.0705*** | −0.0092 |
|  | （3.78） | （−0.43） |
| NI | −0.0271*** | 0.0042 |
|  | （−5.36） | （0.61） |
| MB |  | 0.0036** |
|  |  | （2.45） |
| ROA |  | −1.0615*** |
|  |  | （−4.10） |
| SIZE |  | 0.0795*** |
|  |  | （3.12） |

| 变量 | （1）REM | （2）REM |
|---|---|---|
| LEV | | −0.0356 |
| | | （−0.56） |
| GROWTH | | −0.0424*** |
| | | （−4.98） |
| HLD | | 0.0484 |
| | | （0.50） |
| DUALITY | | 0.0277** |
| | | （2.04） |
| BOARD | | −0.0027 |
| | | （−0.47） |
| INDEP | | 0.1044 |
| | | （0.83） |
| MANAGER | | −0.0068 |
| | | （−0.02） |
| _CONS | −1.0515*** | −1.5309*** |
| | （−2.67） | （−3.62） |
| YEAR FE | YES | YES |
| FIRM FE | YES | YES |
| N | 6 963 | 6 963 |
| Adj-R² | 0.0128 | 0.0520 |

注：第（1）列表示仅加入 SOE、MV 和 NI 后的回归结果，第（2）列表示加入所有控制变量后的回归结果；括号内数字为双尾检验的 t 值；标准误差经过企业层面 Cluster 群聚调整；***、**、*分别表示在 1%、5%、10% 水平上显著。

## 八、安慰剂检验

双重差分实验设计是通过某件外生事件的发生来识别变量间的因果关系，但不可忽视的是，双重差分的检验结果可能会受到某种偶然性因素的驱动，故而并不能反映真实因果关系。对于本章的研究来说，即便没有2012年强制性内部控制审计的政策冲击，本章的研究结论可能依然成立。此外，还可能存在同期其他政策对检验结果造成干扰，影响结果的稳健性。针对这一问题，本章采用安慰剂检验，即通过制造一种和样本类似的反事实验证因果关系。借鉴王永海和王嘉鑫（2017）和王嘉鑫（2020）的做法，本章对实验组和控制组随机分配重新检验，在7 987个全样本中随机抽取与原实验组相同数量（2 946个）的样本作为新的实验组，其余样本作为新的控制组，反复进行1 000次模拟实验。如果安慰剂检验中的系数不再显著，则说明通过安慰剂检验，本章的研究结论不受其他政策或偶然性因素的影响。表5-16列示了不同统计量下（标准差、均值、5分位数、25分位数、中位数、75分位数和95分位数）$TREATPOST$的回归系数和T值。结果显示，不同统计量下的$TREATPOST$的回归系数均不显著，这进一步验证了本章研究结论的稳健性，即确实是2012年强制性内部控制审计政策的实施降低了企业的真实盈余管理水平。

表5-16　　　　　　　　　安慰剂检验

| 变量 | S.D. | Mean | P5 | P25 | Median | P75 | P95 |
|---|---|---|---|---|---|---|---|
| Coefficient of $TREATPOST$ | 0.0059 | −0.0003 | −0.0099 | −0.0043 | 0.0003 | 0.0037 | 0.0096 |
| T-stat for $TREATPOST$ | 1.025 | −0.050 | −1.528 | −0.734 | 0.048 | 0.634 | 1.612 |

## 第五节　进一步分析

### 一、对真实盈余管理不同组成部分的影响

根据式（5.1），企业的真实盈余管理程度 *REM* 由异常经营活动现金流（*ACFO*）、异常费用成本（*ADISEXP*）和异常生产成本（*APROD*）三个部分组成。在本部分，本章分别测试强制性内部控制审计对真实盈余管理不同组成部分的影响，结果见表 5-17。结果显示，*TREATPOST* 和 *APROD*（异常生产成本）在 1% 的水平显著为负（-0.0433，t=-5.54），但是 *TREATPOST* 和 *ACFO*（异常经营活动现金流）、*TREATPOST* 和 *ADISEXP*（异常费用成本）均不显著。这说明强制性内部控制审计的实施会抑制企业的生产操纵行为，而不会影响现金流操纵和费用操纵行为。

表 5-17　　　　　　　　对真实盈余管理不同组成部分的影响

| 变量 | (1)<br>*APROD*<br>（生产操纵） | (2)<br>*ACFO*<br>（现金流操纵） | (3)<br>*ADISEXP*<br>（费用操纵） |
|---|---|---|---|
| *TREATPOST* | -0.0433*** | -0.0055 | -0.0007 |
| | (-5.54) | (-1.12) | (-0.18) |
| *MB* | 0.0022*** | -0.0004 | 0.0002 |
| | (4.57) | (-1.05) | (0.90) |
| *ROA* | -0.0457 | 0.1902*** | -0.0082 |
| | (-0.69) | (5.22) | (-0.32) |
| *SIZE* | 0.0607*** | -0.0144*** | 0.0028 |
| | (6.13) | (-2.97) | (0.67) |

| 变量 | （1）<br>APROD<br>（生产操纵） | （2）<br>ACFO<br>（现金流操纵） | （3）<br>ADISEXP<br>（费用操纵） |
|---|---|---|---|
| LEV | −0.0311 | 0.0127 | 0.0002 |
|  | （−1.11） | （0.69） | （0.02） |
| GROWTH | −0.0226*** | −0.0001 | 0.0366*** |
|  | （−4.00） | （−0.03） | （12.17） |
| HLD | 0.0713 | 0.0306 | 0.0697*** |
|  | （1.14） | （0.99） | （2.66） |
| DUALITY | 0.0208** | −0.0030 | 0.0040 |
|  | （2.49） | （−0.54） | （1.01） |
| BOARD | −0.0001 | 0.0122 | 0.0045 |
|  | （−0.00） | （0.67） | （0.34） |
| INDEP | 0.0452 | −0.0239 | −0.0051 |
|  | （0.54） | （−0.51） | （−0.16） |
| MANAGER | 0.0942 | 0.2433** | 0.1114 |
|  | （0.40） | （2.23） | （0.93） |
| _CONS | −1.3405*** | 0.2695** | −0.1063 |
|  | （−6.30） | （2.45） | （−1.10） |
| YEAR FE | YES | YES | YES |
| FIRM FE | YES | YES | YES |
| N | 7 987 | 7 987 | 7 987 |
| Adj−R² | 0.0312 | 0.0172 | 0.1789 |

注：第（1）列表示在没有加入控制变量的情况下的回归结果，第（2）列表示加入控制变量后的回归结果；括号内数字为双尾检验的t值；标准误差经过企业层面Cluster群聚调整；***、**、*分别表示在1%、5%、10%水平上显著。

## 二、对应计盈余管理的影响

本章也采用横截面修正的 Jones 模型分行业回归估计操控性应计盈余，具体模型如式（5.4）：

$$\frac{TA_{i,t}}{A_{i,t-1}} = \alpha_1 \frac{1}{A_{i,t-1}} + \alpha_2 \frac{\Delta REV_{i,t} - \Delta REC_{i,t}}{A_{i,t-1}} + \alpha_3 \frac{PPE_{i,t}}{A_{i,t-1}} + \varepsilon_{i,t} \tag{5.4}$$

其中，$TA_{i,t}$ 为企业 $i$ 在第 $t$ 年的总应计项目数额，其等于净利润 $NI_{i,t}$ 与经营活动产生的现金流量净额 $CFO_{i,t}$ 的差额；$A_{i,t-1}$ 是企业 $i$ 在第 $t$ 年初的总资产；$\Delta REV_{i,t}$ 是企业营业收入增量；$\Delta REC_{i,t}$ 是企业应收账款增量；$\Delta PPE_{i,t}$ 是企业在第 $t$ 年末的固定资产。借鉴 Roychowdhury（2006）和叶康涛等（2015）的研究，我们剔除年度行业样本数不足 15 个的样本。然后我们对每一个行业-年度进行分组回归（按照式（5.4）），将回归残差定义为企业 $i$ 在第 $t$ 年可操纵性应计盈余的绝对值 $|DA_{i,t}|$，并将其作为应计盈余管理规模的测度指标。

表 5-18 展示了强制性内部控制审计的实施与企业应计盈余管理间的回归结果，其中第（1）列为不加入控制变量但控制年度和企业固定效应的回归结果，第（2）列为加入控制变量，并控制年度和企业固定效应的回归结果。结果显示，无论是否加入控制变量，TREATPOST 和应计盈余管理 |DA| 的系数始终不显著。这说明强制性内部控制审计的实施对企业应计盈余管理水平并无影响，我们猜测这可能是由于在管制环境变迁后，监管者能够识别应计盈余管理（蔡利等，2018），因而企业高管本身就不倾向选择成本更高风险更大的应计盈余管理的形式。

表 5-18　　　　　强制性内部控制审计与企业应计盈余管理

| 变量 | （1）<br>$\vert DA\vert$ | （2）<br>$\vert DA\vert$ |
|---|---|---|
| TREATPOST | 0.0032 | 0.0067 |
| | （0.48） | （1.08） |
| MB | | 0.0000 |
| | | （0.08） |
| ROA | | −0.0692 |
| | | （−1.45） |
| SIZE | | −0.0209** |
| | | （−2.43） |
| LEV | | 0.0007 |
| | | （0.03） |
| GROWTH | | 0.0336*** |
| | | （7.09） |
| HLD | | 0.0066 |
| | | （0.18） |
| DUALITY | | −0.0063 |
| | | （−0.94） |
| BOARD | | −0.0027 |
| | | （−1.31） |
| INDEP | | −0.1150** |
| | | （−2.56） |
| MANAGER | | 0.1447 |
| | | （1.11） |

| 变量 | (1)<br>$\lvert DA \rvert$ | (2)<br>$\lvert DA \rvert$ |
|---|---|---|
| _CONS | 0.1093*** | 0.6508*** |
| | (31.56) | (3.67) |
| YEAR FE | YES | YES |
| FIRM FE | YES | YES |
| N | 7 987 | 7 987 |
| Adj-$R^2$ | 0.0403 | 0.0880 |

注：第（1）列表示在没有加入控制变量的情况下的回归结果，第（2）列表示加入控制变量后的回归结果；括号内数字为双尾检验的 t 值；标准误差经过企业层面 Cluster 群聚调整；***、**、*分别表示在 1%、5%、10% 水平上显著。

## 本章小结

本章研究强制性内部控制审计实施对企业真实盈余管理的影响。研究发现，强制性内部控制审计实施之后，企业的真实盈余管理水平有所下降，这从财务报告目标的角度验证了强制性内部控制审计的实施对改善企业真实盈余管理的治理效应。同时，企业注册地的制度环境会加强强制性内部控制审计对真实盈余管理的治理效应，而企业的代理成本会削弱强制性内部控制审计对真实盈余管理的治理效应。稳健性测试中，本章对平行趋势假设进行了验证，在考虑未来一期企业真实盈余管理水平、剔除自愿披露的样本、考虑中小板和创业板样本、扩大样本时间范围、替换模型设定、加入其他控制变量和安慰剂检验等稳健性分析后，本章主要结论依旧成立。在进一步分析中，我们首先考虑了强制性内部控制审计的实施对真实盈余管理不同组成部分的影响。此外，我们还考虑了强制性内部控制审计的实施对应计盈余管理的影响。

第六章

# 强制性内部控制审计与企业避税行为
## ——基于合规目标视角

内部控制的合规目标要求保证企业在国家法律和法规允许的范围内开展经营活动，这其中遵循国家税收法规贯穿于企业生产经营的方方面面，是实现合规目标的一项重要内容。因此本章主要从内部控制合规目标角度，分析强制性内部控制审计的实施对企业避税行为的影响，并探讨企业注册地的制度环境和企业融资约束是否会对强制性内部控制审计的实施与企业避税行为之间的关系产生影响。在进一步分析中，本章还考虑使用企业诉讼风险和企业违规作为合规目标实现的替代指标。但表外描述性统计结果显示企业诉讼风险指标 $LITIAMOUNT$ 在 75 分位上依旧为 0，仅有 6.72% 的样本企业有过违规行为，这说明如果使用企业诉讼风险和企业违规为指标来衡量企业内部控制合规目标实现水平并不能更好地区分样本企业的差异。综上，在本章的主回归分析中，我们首先采用避税水平 $ETR$ 来衡量企业内部控制合规目标实现水平，并在进一步分析中考虑使用诉讼风险 $LITIAMOUNT$ 和企业违规 $VION$（$VIOM$）作为替代指标。

从法理学的角度来看，避税虽然在形式上合乎税收法律规定，但在实质上是有违税法精神和立法宗旨的"脱法行为"（肖太寿，2012）。国家及地方的相关政策法规也将监管的重点转向了企业的逃避税行为。从 2009 年 2 月 28 日起，"偷税"不再作为一个刑法概念存在。十一届全国人大常委会第七次会议决定修订后的《中华人民共和国刑法》对第二百零一条关于不履行纳税义务的定罪量刑标准和法律规定中的相关表述方式进行修改，用"逃避缴纳税款"取代了"偷税"。在《上海市进一步深化税收征管改革实施方案》中，特别强调了"对隐瞒收入、虚列成本、转移利润以及利用'税收洼地'、'阴阳合同'和关联方交易等逃避税行为，加大依法防控和监督检查力度。"①同时，企业激进避税水平越高，背离税法宗旨的程度以及可能性越大，相应地，违反税收法律、法规的风险也会越高（陈作华和方红星，2018）。因此，从这个角度来看，无论是企业合法的避税行为还是非法的逃税行为，都是有违内部控制的合规目标的。

无论是SOX法案，还是C-SOX法案，均要求保证企业在国家法律和法规允许的范围内开展经营活动，即实现内部控制的合规目标。主要证券市场均将对上市公司关于财务报告的内部控制审计作为法定要求，期望内部控制审计和财务报表审计分别在过程上和结果上保证财务报告的可靠性。外部审计作为公司外部治理机制之一，"是一个客观地获取和评价与经济活动和经济事项的认定有关的证据，以确认这些认定与既定标准之间的符合程度，并把审计结果传达给有利害关系的用户的系统过程"（美国会计学会审计基础概念委员会，1972）。已有大量文献证明了财务报表审计的治理效应，然而却缺少来自内部控制审计治理效应的证据，即外部审计在过程上保证财务报告的可靠性对企业内部控制基本目标的实现，特别是对合规目标的影响。此外，与萨班斯法案不同，我国的内部控制建设制度是与我国国情相关的，这就有可能使得之前有关萨班斯法案的研究在我国并不适用。首先，与萨班斯法案404条款"一刀切"的改革模型不同，我国的强制性内部控制审计制度是分类分批展开的，那么这一实施模式上的差异是否会影响到政策的实施效果还不得而知。其次，我国的强制性内部控制审计制度并不属于法律范畴，而是一种企业管理制度，因此无论从执行力还是约束力可能都不及萨班斯法案，这是否会弱化政策的实施效果也亟需检验。

国际性企业每年在欧洲地区的避税额达到1.11万亿美元，多家知

---

① 信息来源：国家税务总局网，http://www.chinatax.gov.cn/chinatax/n810219/n810780/c5167585/content.html。

名跨国企业在不同国家相继曝出"涉嫌利用非法会计手段逃税"的质疑（曾姝和李青原，2016）。其中，尤以苹果公司的避税行为最为突出，根据报道，苹果公司将大约70%的利润，通过在低税收地区设立分支机构等手段转移到海外地区，通过这种"合法"方式，苹果公司每年避税数额高达数十亿美元之巨[①]。国内企业也存在着同样的情况，根据《国务院关于2018年度中央预算执行和其他财政收支审计查出问题整改情况的报告》，仅2018年一年，对审计移送的涉税违法问题，税务部门就查补税款102.84亿元[②]。

审计作为企业一项重要的外部监督机制，可以有效缓解企业的代理问题。Fan和Wong（2005）的研究表明，相比董事会、并购等传统的公司治理机制，"五大"会计师事务所能够起到更好的公司治理作用。来自中国的研究也证实了会计师事务所可以通过三种渠道对客户税收激进程度产生影响，其中一个渠道就是通过财务报告的审计抑制企业税收激进程度（曾姝和李青原，2016；代彬等，2016；金鑫和雷光勇，2011）。因此，在这样的理论和现实背景下，探究强制性内部控制审计的实施对企业避税水平的影响成为检验我国"萨班斯法案"实施效果的一个重要研究方向。

## 第一节　理论分析与假设提出

### 一、强制性内部控制审计与企业避税

内部控制制度的一个基本目标即合理保证企业遵守合规目标，即保证企业在国家法律和法规允许的范围内开展经营活动，降低违规行

---

① 信息来源：中国共产党新闻网，http://theory.people.com.cn/n/2013/0328/c49150-20946731.html。
② 信息来源：中国新闻网，https://www.chinanews.com/cj/2019/12-25/9042891.shtml。

为发生率。"在这个世界上，只有死亡和税是逃不掉的"，对于企业而言，遵循国家税收法规是其经营中不可或缺的一部分，这会直接影响到合规目标的实现。企业激进避税水平越高，背离税法宗旨的程度以及可能性越大，相应地违反税收法律、法规的风险也会越高（陈作华和方红星，2018）。研究表明，以合规为导向的内部控制有助于企业降低违法违规的风险，有效的内部控制制度能够对公司高管激进避税等行为加以监督控制（陈骏和徐玉德，2015；李万福和陈晖丽，2012）。相反，有内部控制缺陷的公司税收激进水平更高（Bauer，2016；Gallemore和Labro，2015；陈骏和徐玉德，2015；李万福和陈晖丽，2012）。

在披露管制的政策实施背景下，所有符合条件的公司须按照统一的标准执行强制性内部控制审计。被纳入强制性披露范围的企业须严格遵循相关规定，及时对外披露董事会对公司内部控制的自我评价报告以及注册会计师出具的财务报告内部控制审计报告。因而，强制性内部控制审计的实施有助于发现企业在内部控制设计及运行过程中存在的缺陷，缓解内部控制自我评价报告可能存在的内部视角约束和选择性披露等问题，向市场传递更为准确而全面的企业内部控制运行状况信息。同时，在披露管制的政策实施背景下，企业面临来自监管方和资本市场的双重约束，而审计师由于受到"深口袋"和"声誉机制"的约束，其风险意识也更强，出具的内部控制审计报告保证水平更高，并具有一定的威慑力和法律效力。综上，强制性内部控制审计的实施有助于企业完善内部控制制度，实现内部控制审计鉴证、监督和信号功能，发挥内部控制审计对内部控制目标实现的治理效应。因而，本章认为强制性内部控制审计作为一项重要的市场监管制度，能够从如下三个方面发挥治理机制，约束企业的激进避税行为：其一，股东可以依据经审计后的内部控制报告评判管理层受托责任履行情况，有助于缓解委托人和代理人间的代理问题，塑造和培育有效的内部控制文化和控制环境，抑制经理人以攫取私利为目的的激进避税动机，发挥强制性内部控制审计对企业激进避税的鉴证功能；其二，来自外部监管部门、资本市场和审计师等的外部压力会督促企业平衡各利益相关者的关系，与企业外部的税收征管机关保持良好沟通，及时了解国家与地方税收政策变化（陈骏和徐玉德，2015），确保企业的经营活动服从国家有关法律法规、企业内部规章制度以及具体的经营方针和政策，抑制企业避税行为，发挥强制性内部控制审计对企业激进避税的监督功能；其三，相比管理层出具的内部控制评价报告，经第三方鉴证的内部控制审计报告更客观全面，使外部人能够了解到企业内部控制设计及运行状况、企业经营与财务状况等的信息，降低外部人的信息不对称，缓解企业的融资约束和资源受限等问题，降低企业通过税收节约弥补融资不足的动机（李万福和陈晖丽，2012），发挥强制性内部控制审计对企业激进避税的信号功能。综上，本章认为，强制性内部控制审计的实施，发挥了外部审计对企业的激进避税行为的监督和治理作用，并提出假设6.1：

假设 6.1：强制性内部控制审计的实施有助于抑制企业的避税水平。

## 二、制度环境、强制性内部控制审计与企业避税

中国是一个地域辽阔的国家，企业所处地区间发展不平衡，外部制度环境存在巨大差异，市场化程度也不尽相同。市场化进程又会通过影响企业所在地区行政、法律等制度来影响企业的外部环境（李慧云和刘镝，2016）。根据 Simmons（2006）对公司税负的定义，公司税负是企业为获取投资某地的权利和公共服务所支付的价格。接下来，本章拟从市场化水平和法治化水平两个方面考察制度环境对强制

性内部控制审计抑制企业避税治理效应的影响。对于市场化水平和法治化水平较低的地区，市场配置资源的基础作用比较差，法律体系和投资者保护制度相对较弱，企业产权和投资收益难以得到保障，不能获得更好的公共服务，从而会引发资本逃离（刘慧龙和吴联生，2014）。此时，由于市场环境不稳定，强制性内部控制审计对企业避税的抑制效应有限。相反，在市场化水平和法治化水平较高的地区，法律监管体系较为完善，投资者法律保护和公司治理水平更完善（叶康涛等，2010），企业产权和投资收益有保障，更愿意付出更高的税负来换取更好的公共服务，此时市场化水平对强制性内部控制审计抑制企业避税的效应承担了互补的角色。同时，为了建设并完善良好的市场机制，地方政府需要向制度的获益者收取更高的费用来弥补制度投入。因而，地方政府就会加大对企业的税收征管力度（刘慧龙和吴联生，2014），和强制性内部控制审计共同降低企业的避税水平。本章预期强制性内部控制审计的实施对企业避税的抑制效应在地区制度环境（市场化水平和法治化水平）较好的地区更显著，并提出假设6.2：

假设6.2：地区制度环境（市场化水平和法治化水平）能增强强制性内部控制审计的实施对企业避税水平的抑制效应。

### 三、融资约束、强制性内部控制审计与企业避税

现实资本市场由于存在信息不对称和代理问题，造成企业外源融资成本高于内源融资成本。一方面，存在融资约束的企业往往面临着财务困境，融资约束程度越高，企业对内部资金的依赖性越强（陈作华和方红星，2018）。当外源融资渠道受阻时，会增加企业通过避税节约现金流的概率（Edwards等，2016；Kaplan和Zingales，1997）。与此同时，信息不对称是资本供求双方实现有效资源配置

的主要障碍，由此导致的逆向选择问题是企业融资约束的重要成因。另一方面，在融资约束的企业中，由于企业与外部的信息不对称问题的加剧，透明度程度降低，阻碍了外部审计监督机制的发挥，削弱了强制性内部控制审计对企业避税的抑制效应。本章预期强制性内部控制审计的实施对企业避税的抑制效应在融资约束的企业中会被削弱，并提出假设6.3。

假设6.3：融资约束水平会削弱强制性内部控制审计的实施对企业避税水平的抑制效应。

## 第二节 研究设计

### 一、数据来源和样本选择

主板、中小板和创业板企业在诸如挂牌条件、交易制度、风险警示制度和投资主体要求等方面存在差异，因此在本章的主回归分析中仅以沪深两市 A 股主板非金融上市公司作为研究对象[①]。考虑到从 2007 年 1 月 1 日起，上市公司需执行实施的新会计准则，2007 年企业的经营活动可能会受到新会计准则发布的干扰，因此本章的样本区间设定从 2008 年开始。根据《分类分批实施通知》的要求，所有主板上市公司都必须在 2014 年之前披露年报的同时，披露董事会对公司内部控制的自我评价报告以及注册会计师出具的财务报告内部控制审计报告。同时，证监会与财政部于 2014 年发布 21 号文，明确要求披露内部控制评价报告的上市公司，在公布年度报告时，详细披露内部控制缺陷认定标准、内部控制缺陷及整改情况，以规范上市公司的内

---

① 为了保证结果的稳健性，在后续稳健性章节，我们还考虑加入中小板和创业板企业的样本。

部控制信息披露行为。考虑到该制度的颁布使得内部控制评价报告披露的内容更为细化，可能会进一步提升企业内部控制设计及运行的质量，进而对本章的结论产生一定的影响，因此本章的样本数据截至2014年。综上，本章主回归分析采用的样本区间设定为2008—2014年[①]。首先，我们从CSMAR数据库获取了沪深两市A股主板非金融上市企业的数据，总共有9 746个企业–年观测值。剔除在2011年率先执行强制性内部控制审计的境内外同时上市的企业，以及无法判定企业执行内部控制审计年份的样本（包括无法判定企业所有权性质、净利润和市值是否达标）后，剩下9 389个企业–年观测值。接着，我们剔除1 105个避税数据缺失的样本和879个控制变量数据缺失的样本，最后保留了7 405个企业–年观测值作为总样本，详见表6-1的Panel A。同时，为避免极端值的影响，本章对所有连续变量进行上下1%的缩尾处理。

表6-1的Panel B展示了按年划分的样本分布。观测值在样本区间2008—2014年间稳步上升，从2008年的905个样本（12.22%）波动上升到2014年的1 068个样本（14.42%），符合中国资本市场发展的实际情况。在不考虑控制组和实验组的分组情况下，从总体上看，样本企业避税水平在《分类分批实施通知》实施之后有所下降，还需后续单变量检验和回归分析的进一步检验。表6-1的Panel C展示了按证监会2012年发布的《上市公司行业分类指引》划分的行业样本分布，超过半数的观测值都来自制造业，这也与我国资本市场上市企业行业分布情况相符。其中，农、林、牧、渔业的避税程度最高，这可能是由于该行业的税收优惠政策较多，许多农林牧渔产品甚至为免税产品，而教育业的避税程度最低。

---

① 为了保证结果的稳健性，在后续稳健性章节，我们还考虑加入中小板和创业板企业的样本并将样本扩展到2018年。

表6-1                                     样本描述

| Panel A：样本选择过程 | |
| --- | --- |
| 2008—2014年沪深两市A股主板非金融上市公司 | 9 764 |
| 剔除无法判定和2011年率先执行的样本 | −375 |
| 剔除避税数据缺失的样本 | −1 105 |
| 剔除控制变量数据缺失的样本 | −879 |
| 总样本 | 7 405 |

| Panel B：按年划分的样本分布 | | | |
| --- | --- | --- | --- |
| 年度 | 样本量 | 占比（%） | ETR |
| 2008 | 905 | 12.22 | 0.2173 |
| 2009 | 1 001 | 13.52 | 0.2151 |
| 2010 | 1 100 | 14.86 | 0.2056 |
| 2011 | 1 097 | 14.81 | 0.2185 |
| 2012 | 1 107 | 14.95 | 0.2314 |
| 2013 | 1 127 | 15.22 | 0.2372 |
| 2014 | 1 068 | 14.42 | 0.2366 |
| 总样本 | 7 405 | 100.00 | 0.2234 |

| Panel C：按行业划分的样本分布 | | | |
| --- | --- | --- | --- |
| 行业 | 样本量 | 占比（%） | ETR |
| 农、林、牧、渔业 | 89 | 1.20 | 0.1300 |
| 采矿业 | 327 | 4.42 | 0.2621 |
| 制造业 | 3 791 | 51.20 | 0.2052 |
| 电力、热力、燃气及水生产和供应业 | 457 | 6.17 | 0.2190 |
| 建筑业 | 199 | 2.69 | 0.2714 |
| 批发和零售业 | 708 | 9.56 | 0.2629 |
| 交通运输、仓储和邮政业 | 424 | 5.73 | 0.2138 |
| 住宿和餐饮业 | 45 | 0.61 | 0.2186 |
| 信息传输、软件和信息技术服务业 | 242 | 3.27 | 0.2002 |
| 房地产业 | 680 | 9.18 | 0.2749 |
| 租赁和商务服务业 | 91 | 1.23 | 0.2529 |
| 科学研究和技术服务业 | 31 | 0.41 | 0.2516 |
| 水利、环境和公共设施管理业 | 86 | 1.16 | 0.2188 |
| 教育 | 16 | 0.21 | 0.3196 |
| 卫生和社会工作 | 26 | 0.35 | 0.2769 |
| 文化、体育和娱乐业 | 74 | 1.00 | 0.2095 |
| 综合 | 119 | 1.61 | 0.2115 |
| 总样本 | 7 405 | 100.00 | 0.2234 |

## 二、模型设定

本章采用标准的政策评估方法——双重差分法检验强制性内部控制审计的实施对企业避税水平的影响。我们以2012年颁布的《分类分批实施通知》为自然实验背景，这样的研究设定在解决内生性问题上具有如下优势：其一，上市公司作为政策实施主体几乎不会对强制性内部控制审计制度的设计和制定产生影响。同时，对于不同批次企业的划分是基于2009—2011年的历史数据，这很好地解决了样本选择的非随机性问题。其二，新政策对于研究样本企业来说是外生事件，并且是逐步推行的，可以找到相应的实验组和控制组。

为了检验假设6.1强制性内部控制审计的实施对企业避税水平的影响，本章使用双重差分法构建OLS回归式（6.1）进行检验：

$$ETR_t = \beta_0 + \beta_1 TREATPOST_t + Controls_t + Firm\ Year\ FE + \varepsilon_t \qquad (6.1)$$

其中，因变量$ETR_t$为有效税率，等于所得税费用与利润总额的比值。在计算有效税率时，我们剔除了净利润和所得税费用为负的样本，并将$ETR_t$大于1的样本重设为1。由于我国强制性内部控制审计制度的实施具有分类分批性，本章借鉴王嘉鑫（2020）、Lennox和Wu（2021）的研究，使用较为广泛的多时点双重差分法，设置自变量$TREATPOST_t$区分实验组和控制组，并同时控制了制度实施年度。具体来说：对于主板上市的国有企业，2012年及以后$TREATPOST_t$为1，2012年以前为0；对于符合市值和净利润条件的非国有主板上市公司，2013年及以后$TREATPOST_t$为1，2013年以前为0；对于不符合条件的主板上市非国有企业，2014年$TREATPOST_t$为1，2014年以前为0。$TREATPOST_t$前的回归系数$\beta_1$反映强制性内部控制审计制度颁布前后实验组与控制组间的企业避税水平差异，本章预期$\beta_1$的系数为正。

$Controls_t$为一系列可能影响企业避税水平的控制变量，主要包括：盈利能力 $ROA_t$、营业收入规模 $SALES_t$、财务杠杆水平 $LEV_t$、固定资产规模 $PPE_t$、无形资产规模 $INTANG_t$、存货规模 $INVENTORY_t$、企业规模 $SIZE_t$ 和市账比 $MB_t$。同时，我们还控制了企业和年度固定效应，并对标准误差在企业层面 Cluster 群聚调整，主要变量的定义详见表6-2。

表6-2                                   主要变量定义

| 变量种类 | 变量名称 | 计算方式 |
| --- | --- | --- |
| 被解释变量 | $ETR_t$ | 企业在第 $t$ 年的有效税率，为所得税费用与利润总额的比值 |
| 解释变量 | $TREATPOST_t$ | 企业在第 $t$ 年及以后是否被强制性要求实施内部控制审计，是则为1，否则为0 |
| 控制变量 | $ROA_t$ | 企业在第 $t$ 年的盈利能力，等于净利润/总资产 |
| | $SALES_t$ | 企业在第 $t$ 年的营业收入规模，等于营业收入的自然对数 |
| | $LEV_t$ | 企业在第 $t$ 年的财务杠杆，等于企业资产总额除以负债总额 |
| | $PPE_t$ | 企业在第 $t$ 年的固定资产规模，等于固定资产与总资产之比 |
| | $INTANG_t$ | 企业在第 $t$ 年的无形资产规模，等于无形资产与总资产之比 |
| | $INVENTORY_t$ | 企业在第 $t$ 年的存货规模，等于存货与总资产之比 |
| | $SIZE_t$ | 企业在第 $t$ 年的规模，等于总资产的自然对数 |
| | $MB_t$ | 企业在第 $t$ 年的市账比，等于所有者权益市值和账面价值之比 |

| 变量种类 | 变量名称 | 计算方式 |
|---|---|---|
| 其他变量 | $SOE_t$ | 企业在第 $t$ 年为国有企业则为 1，否则为 0 |
| | $MKT_t$ | 企业注册地在第 $t$ 年的市场化水平（数据来自王小鲁等（2019）提供的"地区市场化进程指数"） |
| | $LAW_t$ | 企业注册地在第 $t$ 年的法治化水平（数据来自王小鲁等（2019）提供的"市场中介组织的发育与法律制度环境指数"） |
| | $KZI_t$ | 企业注册地在第 $t$ 年的融资约束水平，借鉴 Kaplan 和 Zingales（1997）及魏志华等（2014），根据公司经营性净现金流、股利、现金持有、资产负债率以及托宾 Q 等财务指标计算得出 |

在检验假设 6.2 时，本章分别在式（6.1）中加入 $MKT_t$、$MKT_t$*$TREATPOST_t$、$LAW_t$ 和 $LAW_t$*$TREATPOST_t$ 考虑企业注册地所在地区的市场化水平和法治化水平对强制性内部控制审计与企业避税行为关系的调节影响。其中，市场化水平 $MKT_t$（地区市场化进程指数）是根据大量的统计和调查资料，按政府与市场的关系、非国有经济的发展、产品市场的发育程度、要素市场的发育程度以及市场中介发育和法律制度环境等五个方面权重合成的；法治化水平 $LAW_t$（市场中介组织的发育与法律制度环境指数）是综合考虑了市场中介组织的发育、维护市场的法治环境和知识产权保护三个方面的因素编制而成的指标。由此可见，地区市场化水平 $MKT_t$ 综合地衡量了地区的制度环境，而法治化水平 $LAW_t$ 则从较为具体的角度衡量了地区的制度环境。

在检验假设 6.3 时，本章在式（6.1）中加入 $KZI_{i}$ 和 $KZI_{i}*$ $TREATPOST_{i}$ 考虑企业融资约束水平对强制性内部控制审计与企业避税行为关系的调节影响。我们借鉴 Kaplan 和 Zingales（1997）及魏志华等（2014）的研究构建企业融资约束指数（$KZI_{i}$）。具体而言，步骤如下：（1）对全样本按年度对经营性净现金流/上期总资产（$CF_{i,t}/A_{i,t-1}$）、现金股利/上期总资产（$DIV_{i,t}/A_{i,t-1}$）、现金持有/上期总资产（$C_{i,t}/A_{i,t-1}$）、资产负债率（$LEV_{i,t}$）和托宾 Q（$Q_{i,t}$）进行分类。如果 $CF_{i,t}/A_{i,t-1}$ 低于中位数则 $kz_1$ 取 1，否则为 0；如果 $DIV_{i,t}/A_{i,t-1}$ 低于中位数则 $kz_2$ 取 1，否则为 0；如果 $C_{i,t}/A_{i,t-1}$ 低于中位数则 $kz_3$ 取 1，否则为 0；如果 $LEV_{i,t}$ 高于中位数则 $kz_4$ 取 1，否则为 0；如果 $Q_{i,t}$ 高于中位数则 $kz_5$ 取 1，否则为 0。（2）计算 $KZI$ 指数，令 $KZI = kz_1 + kz_2 + kz_3 + kz_4 + kz_5$。（3）将 $KZI$ 作为因变量对 $CF_{i,t}/A_{i,t-1}$、$DIV_{i,t}/A_{i,t-1}$、$C_{i,t}/A_{i,t-1}$、$LEV_{i,t}$ 和 $Q_{i,t}$ 进行有序逻辑回归，并提取出各变量前的回归系数。（4）运用上述回归模型的估计结果，计算出每一个上市公司融资约束程度 $KZI$，$KZI$ 越大，意味着上市公司面临的融资约束程度越高。

## 三、描述性统计

表 6-3 列出了避税水平、自变量与控制变量的描述性统计结果，结果显示样本企业的税负水平平均值为 22.34%，这低于我国法定税率 25%。$ETR$ 的最小值为 0，最大值为 1，标准差为 0.1501，表明样本企业的避税水平存在较大差异。此外，$ETR$ 的均值大于中位数，表明避税水平在全样本企业中呈现右偏分布。在控制变量方面，$LEV$ 的均值为 0.5179，说明我国主板上市公司的资产负债率水平较高。

表6-3 主要变量描述性统计

| 变量 | 样本数 | 平均值 | 标准差 | 最小值 | 中位数 | 最大值 |
|------|--------|--------|--------|--------|--------|--------|
| ETR | 7405 | 0.2234 | 0.1501 | 0.0000 | 0.2020 | 1.0000 |
| TREATPOST | 7405 | 0.3552 | 0.4786 | 0.0000 | 0.0000 | 1.0000 |
| ROA | 7405 | 0.0465 | 0.0425 | −0.0008 | 0.0347 | 0.2614 |
| SALES | 7405 | 21.6457 | 1.5446 | 16.7566 | 21.5406 | 25.9566 |
| LEV | 7405 | 0.5179 | 0.1971 | 0.0782 | 0.5263 | 1.2112 |
| PPE | 7405 | 0.2485 | 0.1875 | 0.0011 | 0.2096 | 0.7880 |
| INTANG | 7405 | 0.0508 | 0.0664 | 0.0000 | 0.0310 | 0.4689 |
| INVENTORY | 7405 | 0.1907 | 0.1835 | 0.0000 | 0.1385 | 0.8319 |
| SIZE | 7405 | 22.2558 | 1.3472 | 19.0442 | 22.1087 | 26.5101 |
| MB | 7405 | 4.4690 | 3.9143 | −8.0207 | 3.5820 | 41.3518 |

## 四、相关性分析

表6-4为主要变量的相关性分析表，其中上三角为Spearman相关系数，下三角为Pearson相关系数。我们可以看出，ETR和TREATPOST之间无论是Spearman还是Pearson系数均在1%水平上显著正相关，这表明它们两两之间存在一定的关联，不过这是未同时控制其他相关变量的两两相关分析结果，在后续研究之中会添加控制变量，从而对上述关系开展更为精确的回归分析。各主要变量的相关系数均较低，初步表明各变量间没有明显的多重共线性问题。

表6-4

相关性分析

| 变量 | (1) | (2) | (3) | (4) | (5) | (6) | (7) | (8) | (9) | (10) |
|---|---|---|---|---|---|---|---|---|---|---|
| 1-ETR | — | 0.0719 | -0.3285 | 0.0706 | 0.1849 | -0.0800 | -0.0062 | 0.1531 | 0.0958 | 0.0621 |
| 2-TREATPOST | 0.0742 | — | -0.0959 | 0.1891 | 0.0305 | -0.0086 | 0.0307 | -0.0383 | 0.2303 | -0.0254 |
| 3-ROA | -0.2988 | -0.0990 | — | 0.0891 | -0.3624 | -0.0484 | 0.0614 | -0.1201 | 0.0130 | -0.1125 |
| 4-SALES | 0.0281 | 0.1838 | 0.0338 | — | 0.3170 | 0.0920 | 0.0176 | 0.0670 | 0.2404 | -0.0605 |
| 5-LEV | 0.1504 | 0.0251 | -0.3216 | 0.2840 | — | -0.0963 | -0.1400 | 0.2666 | 0.3428 | 0.3962 |
| 6-PPE | -0.0492 | 0.0038 | -0.0582 | 0.1003 | -0.0454 | — | 0.2640 | -0.3676 | 0.0193 | -0.1623 |
| 7-INTANG | 0.0148 | 0.0092 | 0.0550 | -0.0649 | -0.0829 | 0.0438 | — | -0.2723 | -0.0563 | -0.0587 |
| 8-INVENTORY | 0.1563 | -0.0195 | -0.1339 | 0.0108 | 0.2960 | -0.3940 | -0.2787 | — | 0.0311 | 0.2001 |
| 9-SIZE | 0.0437 | 0.2275 | -0.0418 | 0.2611 | 0.3049 | 0.0699 | -0.0425 | 0.0797 | — | -0.1342 |
| 10-MB | 0.0397 | 0.0062 | -0.0213 | -0.1865 | 0.3116 | -0.1041 | -0.0069 | 0.0667 | -0.2142 | — |

注：上三角为Spearman相关系数，下三角为Pearson相关系数。加粗的系数表示在1%、5%或者10%的水平上显著。

## 五、单变量检验分析

表6-5列示出实验组和控制组在强制性实施内部控制审计前后企业避税水平的单变量差异检验结果。实施内部控制审计之后的样本企业相比没有实施内部控制审计以及实施内部控制审计之前的样本企业，避税水平更低。同时，组间的系数T检验和Z检验均显著，这也初步验证了强制性内部控制审计的实施有助于抑制企业的避税水平。

表6-5                     单变量检验分析

| 变量 | *TREATPOST*=0 （N=4 775） | | *TREATPOST*=1 （N=2 630） | | T检验 | Z检验 |
|---|---|---|---|---|---|---|
| | 平均值 | 中位数 | 平均值 | 中位数 | | |
| *ETR* | 0.2151 | 0.1952 | 0.2384 | 0.2155 | −0.0233*** | −0.0203*** |
| *ROA* | 0.0496 | 0.0372 | 0.0408 | 0.0301 | 0.0088*** | 0.0071*** |
| *SALES* | 21.4351 | 21.3529 | 22.0282 | 21.9404 | −0.5931*** | −0.5875*** |
| *LEV* | 0.5142 | 0.5198 | 0.5245 | 0.5344 | −0.0103*** | −0.0146* |
| *PPE* | 0.2480 | 0.2123 | 0.2494 | 0.2033 | −0.0014 | 0.0090 |
| *INTANG* | 0.0503 | 0.0302 | 0.0516 | 0.0326 | −0.0013 | −0.0024** |
| *INVENTORY* | 0.1934 | 0.1429 | 0.1859 | 0.1307 | 0.0075 | 0.0122*** |
| *SIZE* | 22.0283 | 21.9066 | 22.6687 | 22.5347 | −0.6404*** | −0.6281*** |
| *MB* | 4.4510 | 3.6384 | 4.5017 | 3.4896 | −0.0507*** | 0.1488*** |

# 第三节 实证结果与分析

## 一、强制性内部控制审计与企业避税

表6-6展示了强制性内部控制审计的实施与企业避税水平间的回归结果，其中第（1）列为不加入控制变量但控制年度和企业固定效

应的回归结果，第（2）列为加入控制变量，并控制年度和企业固定效应的回归结果。在第（1）列中，*TREATPOST* 和避税水平 *ETR* 在5%的水平上显著为正（0.0183，t=2.48）。在加入了相关控制变量之后，如第（2）列所示，*TREATPOST* 和避税水平 *ETR* 依旧在5%的水平上显著为正（0.0163，t=2.37）。这说明强制性内部控制审计的实施抑制了企业避税水平，假设6.1得到验证。

表6-6　　　　　　　强制性内部控制审计与企业避税

| 变量 | （1）<br>ETR | （2）<br>ETR |
|---|---|---|
| *TREATPOST* | 0.0183** | 0.0163** |
| | （2.48） | （2.37） |
| *ROA* | | −1.2375*** |
| | | （−15.65） |
| *SALES* | | 0.0262*** |
| | | （3.47） |
| *LEV* | | 0.0233 |
| | | （1.02） |
| *PPE* | | −0.0145 |
| | | （−0.51） |
| *INTANG* | | −0.0491 |
| | | （−0.74） |
| *INVENTORY* | | 0.0543 |
| | | （1.59） |
| *SIZE* | | −0.0196** |
| | | （−2.05） |

| 变量 | （1）<br>ETR | （2）<br>ETR |
|---|---|---|
| MB | | 0.0010 |
| | | （1.27） |
| _CONS | 0.2129*** | 0.1248 |
| | （50.42） | （0.71） |
| YEAR FE | YES | YES |
| FIRM FE | YES | YES |
| N | 7 405 | 7 405 |
| Adj-R² | 0.0192 | 0.0990 |

注：第（1）列表示在没有加入控制变量的情况下的回归结果，第（2）列表示加入控制变量后的回归结果；括号内数字为双尾检验的t值；标准误差经过企业层面Cluster群聚调整；***、**、*分别表示在1%、5%、10%水平上显著。

## 二、制度环境、强制性内部控制审计与企业避税

本章参照王小鲁等（2019）编制的地区市场化进程指数和市场中介组织的发育与法律制度环境指数来测度企业注册地所在地区的市场化水平和法治化水平。*MKT*和*LAW*越高，则表明该地区市场化水平和法治化水平越高。参考以往研究，我们对数据缺失的奇数年份采用前后年取平均数的方法进行填充。

表6-7分别从市场化水平和法治化水平两个角度展示了制度环境对强制性内部控制审计的实施与企业避税水平关系的调节效应。第（1）列展示了市场化水平对强制性内部控制审计的实施与企业避税水平关系的调节效应。交乘项*TREATPOST*MKT*前的系数在5%

的水平上显著为正（0.0399，t=2.07），这表明强制性内部控制审计的实施对企业真实避税水平的抑制效应在市场化水平较高的地区更显著，从市场化水平的角度验证了假设6.2。第（2）列展示了法治化水平对强制性内部控制审计的实施与企业避税行为关系的调节效应。交乘项 *TREATPOST*LAW* 前的系数在5%的水平上显著为正（0.0224，t=2.10），这表明强制性内部控制审计的实施对企业避税的抑制效应在法治化水平较高的地区更显著，从法治化水平的角度验证了假设6.2。

表6-7 　　　　制度环境、强制性内部控制审计与企业避税

| 变量 | （1）<br>ETR | （2）<br>ETR |
|---|---|---|
| *TREATPOST* | −0.0032 | −0.0007 |
| | （−1.36） | （−0.74） |
| *MKT* | −0.0038 | |
| | （−0.81） | |
| *TREATPOST*MKT* | 0.0399** | |
| | （2.07） | |
| *LAW* | | −0.0015 |
| | | （−1.04） |
| *TREATPOST*LAW* | | 0.0224** |
| | | （2.10） |
| *ROA* | −1.2289*** | −1.2227*** |
| | （−15.53） | （−15.42） |
| *SALES* | 0.0258*** | 0.0246*** |
| | （3.41） | （3.20） |

| 变量 | (1)<br>ETR | (2)<br>ETR |
|---|---|---|
| LEV | 0.0252 | 0.0299 |
|  | (1.10) | (1.29) |
| PPE | −0.0156 | −0.0153 |
|  | (−0.55) | (−0.53) |
| INTANG | −0.0552 | −0.0477 |
|  | (−0.83) | (−0.70) |
| INVENTORY | 0.0592* | 0.0598* |
|  | (1.73) | (1.74) |
| SIZE | −0.0203** | −0.0194** |
|  | (−2.11) | (−2.01) |
| MB | 0.0010 | 0.0011 |
|  | (1.19) | (1.32) |
| _CONS | 0.1779 | 0.1617 |
|  | (0.93) | (0.86) |
| YEAR FE | YES | YES |
| FIRM FE | YES | YES |
| N | 7 405 | 7 405 |
| Adj-$R^2$ | 0.0997 | 0.0987 |

注：括号内数字为双尾检验的 t 值；标准误差经过企业层面 Cluster 群聚调整；***、**、*分别表示在 1%、5%、10% 水平上显著。

## 三、融资约束、强制性内部控制审计与企业避税

表6-8展示了融资约束水平对强制性内部控制审计的实施与企业避税行为关系的调节效应。交乘项 *TREATPOST\*KZ1* 前的系数在10%的水平上显著为负（−0.0022，t=−1.90），这表明融资约束削弱了强制性内部控制审计的实施对企业避税的抑制效应，验证了假设6.3。

表6-8　　　　融资约束、强制性内部控制审计与企业避税

| 变量 | ETR |
|------|-----|
| *TREATPOST* | 0.0073*** |
|  | （4.02） |
| *KZ1* | 0.0059 |
|  | （0.82） |
| *TREATPOST\*KZ1* | −0.0022* |
|  | （−1.90） |
| *ROA* | −1.2060*** |
|  | （−15.11） |
| *SALES* | 0.0276*** |
|  | （3.72） |
| *LEV* | 0.0187 |
|  | （0.81） |
| *PPE* | −0.0245 |
|  | （−0.85） |
| *INTANG* | 0.0029 |
|  | （0.04） |
| *INVENTORY* | 0.0261 |
|  | （0.78） |

| 变量 | ETR |
|------|-----|
| *SIZE* | −0.0242** |
|  | （−2.56） |
| *MB* | 0.0013* |
|  | （1.71） |
| *_CONS* | 0.2004 |
|  | （1.12） |
| *YEAR FE* | YES |
| *FIRM FE* | YES |
| *N* | 6 805 |
| *Adj-R²* | 0.1031 |

注：括号内数字为双尾检验的 t 值；标准误差经过企业层面 Cluster 群聚调整；***、**、*分别表示在1%、5%、10%水平上显著。

## 第四节　稳健性分析

### 一、平行趋势假设验证

双重差分的一个主要前提是应满足平行趋势假设，即如果没有外生事件发生，实验组和控制组之间的发展趋势应保持一致，并且不随时间而出现系统性差异。我们借鉴王嘉鑫（2020）的方法通过观察政策在各个年度的动态效应来检验平行趋势假设。具体来说，本章构建各个年度虚拟变量和是否强制性实施内部控制审计虚拟变量的交乘项来替代 *TREATPOST*：*TREATPRE_2*、*TREATPRE_1*、*TREATPOST_0*、*TREATPOST_1* 和 *TREATPOST_2*，分别表示 2010 年、2011 年、2012

年、2013年和2014年，然后纳入式（6.1）中进行估计。表6-9的结果显示，*TREATPRE_2* 和 *TREATPRE_1* 的系数分别为 0.0075 和 0.0155，均不显著，这说明强制性内部控制审计实施之前，实验组和控制组没有显著差异。然而，在制度实施之后，*TREATPOST_0*、*TREATPOST_1* 和 *TREATPOST_2* 的回归系数变为正显著（*TREATPOST_0* 的系数为 0.0364，t=2.01，在 5% 的水平上显著；*TREATPOST_1* 的系数为 0.0491，t=2.09，在 5% 的水平上显著；*TREATPOST_2* 的系数为 0.0668，t=2.27，在 5% 的水平上显著），表明强制性内部控制审计制度的实施导致了实验组和控制组间产生了系统性差异，相比于控制组，实验组样本企业的避税水平更低，验证了平行趋势假定。

表6-9　　　　　　　　　　平行趋势检验

| 变量 | ETR |
| --- | --- |
| *ROA* | −1.2368*** |
| | （−15.60） |
| *SALES* | 0.0260*** |
| | （3.45） |
| *LEV* | 0.0188 |
| | （0.82） |
| *PPE* | −0.0131 |
| | （−0.46） |
| *INTANG* | −0.0501 |
| | （−0.75） |
| *INVENTORY* | 0.0547 |
| | （1.60） |

| 变量 | ETR |
|---|---|
| SIZE | −0.0188** |
| | (−1.96) |
| MB | 0.0012 |
| | (1.49) |
| TREATPRE_2 | 0.0075 |
| | (0.94) |
| TREATPRE_1 | 0.0155 |
| | (1.22) |
| TREATPOST_0 | 0.0364** |
| | (2.01) |
| TREATPOST_1 | 0.0491** |
| | (2.09) |
| TREATPOST_2 | 0.0668** |
| | (2.27) |
| _CONS | 0.1137 |
| | (0.65) |
| YEAR FE | YES |
| FIRM FE | YES |
| N | 7 405 |
| Adj-$R^2$ | 0.0996 |

注：括号内数字为双尾检验的 t 值；标准误差经过企业层面 Cluster 群聚调整；***、**、*分别表示在 1%、5%、10% 水平上显著。

## 二、替换避税的衡量方式

在我国，国家对于特定企业、地区或行业等有着特殊的税收优惠政策，上市企业适用的名义税率不尽相同，这使得传统 *ETR* 指标无法考虑到税收优惠政策的影响。因此，在本部分，借鉴 Tang 等（2017）通过将有效税率（*ETR*）除以考虑了税收优惠后的法定税率（*ATR*）得到的值（*METR*），以控制不同法定适用税率对指标计算的干扰，法定税率的数据来自 WIND 数据库（法定所得税率）。表 6-10 报告了替换避税的计量方式后的回归结果。在第（1）列中，*TREATPOST* 和避税水平 *METR* 在 5% 的水平上显著为正（0.0863，t=2.55）。在加入了相关控制变量之后，如第（2）列所示，*TREATPOST* 和避税水平 *METR* 依旧在 5% 的水平上显著为正（0.0767，t=2.41）。结果表明，在考虑了税收优惠政策的潜在影响后，强制性内部控制审计的实施依旧可以发挥对企业避税行为的抑制效应，增强了本章结论的稳健性。

表 6-10　　　　　　　　　替换避税的计量方式

| 变量 | （1）<br>*METR* | （2）<br>*METR* |
|---|---|---|
| *TREATPOST* | 0.0863** | 0.0767** |
| | （2.55） | （2.41） |
| *ROA* | | −5.8917*** |
| | | （−15.62） |
| *SALES* | | 0.1214*** |
| | | （3.62） |
| *LEV* | | 0.0800 |
| | | （0.76） |

| 变量 | (1) METR | (2) METR |
|---|---|---|
| PPE | | −0.1263 |
| | | (−0.91) |
| INTANG | | −0.0701 |
| | | (−0.23) |
| INVENTORY | | 0.2163 |
| | | (1.41) |
| SIZE | | −0.0986** |
| | | (−2.32) |
| MB | | 0.0034 |
| | | (0.93) |
| _CONS | 1.0606*** | 0.8659 |
| | (49.33) | (1.12) |
| YEAR FE | YES | YES |
| FIRM FE | YES | YES |
| N | 7 405 | 7 405 |
| Adj-R² | 0.0131 | 0.0900 |

注：第（1）列表示在没有加入控制变量的情况下的回归结果，第（2）列表示加入控制变量后的回归结果；括号内数字为双尾检验的 t 值；标准误差经过企业层面 Cluster 群聚调整；***、**、*分别表示在 1%、5%、10% 水平上显著。

## 三、考虑未来一期企业避税水平

因为内部控制审计报告在每个会计年度结束之日起 4 个月内编制

完成并披露，所以来自第三方会计师事务所的治理效应可能会存在时滞性。因此，借鉴李春涛等（2020）的研究，本章将式（6.1）中的因变量替换成未来一期的企业避税水平 $ETR_{t+1}$。表6-11报告了考虑未来一期避税水平的回归结果。在第（1）列中，$TREATPOST$ 和未来一期避税水平 $ETR_{t+1}$ 在10%的水平上显著为正（0.0156，t=1.83）。在加入了相关控制变量之后，如第（2）列所示，$TREATPOST$ 和未来一期避税水平 $ETR_{t+1}$ 依旧在10%的水平上显著为正（0.0146，t=1.74）。结果表明，无论是否加入相关控制变量，强制性内部控制审计的实施都会对企业下一年避税水平发挥治理效应，这一步验证了主结论的稳健性。

表6-11　　　　　　考虑未来一期企业避税水平

| 变量 | （1）<br>$ETR_{t+1}$ | （2）<br>$ETR_{t+1}$ |
|---|---|---|
| $TREATPOST$ | 0.0156* | 0.0146* |
| | （1.83） | （1.74） |
| $ROA$ | | −0.3266*** |
| | | （−3.97） |
| $SALES$ | | 0.0198** |
| | | （2.30） |
| $LEV$ | | −0.0151 |
| | | （−0.55） |
| $PPE$ | | −0.0166 |
| | | （−0.50） |
| $INTANG$ | | 0.0458 |
| | | （0.72） |

| 变量 | (1)<br>$ETR_{t+1}$ | (2)<br>$ETR_{t+1}$ |
|---|---|---|
| *INVENTORY* | | 0.0900** |
| | | (2.46) |
| *SIZE* | | −0.0030 |
| | | (−0.33) |
| *MB* | | −0.0009 |
| | | (−0.76) |
| *_CONS* | 0.2095*** | −0.1342 |
| | (54.48) | (−0.98) |
| *YEAR FE* | YES | YES |
| *FIRM FE* | YES | YES |
| *N* | 6 533 | 6 533 |
| *Adj−R²* | 0.0228 | 0.0324 |

注：第（1）列表示在没有加入控制变量的情况下的回归结果，第（2）列表示加入控制变量后的回归结果；括号内数字为双尾检验的 t 值；标准误差经过企业层面 Cluster 群聚调整；***、**、*分别表示在 1%、5%、10% 水平上显著。

## 四、剔除自愿性内部控制审计样本

作为两种不同的公司治理机制，强制性和自愿性内部控制审计在信息传递方式、监督和保险效应以及成本效益性等方面可能存在一定的差异（张国清和马威伟，2020）。为了保证实证结果的稳健性，本章将对照组中自愿性实施内部控制审计的样本剔除重新检验。表 6-12 报告了剔除自愿性内部控制审计样本后的回归结果。在第（1）列中，*TREATPOST* 和避税水平 *ETR* 在 5% 的水平上显著为正（0.0250，t=2.48）。在加入了相关控制变量之后，如第（2）列所示，*TREATPOST* 和避税水平 *ETR* 依旧在 5% 的水平上显著为正（0.0234，t=2.33）。结果表明，在对照组中剔除自愿性实施内部控制审计的样本之后，强制性内部控制审计的实施仍然与更低的避税水平相关，进一步验证了主结论的稳健性。

表6-12　　　　　　　　　剔除自愿性内部控制审计样本

| 变量 | （1）<br>ETR | （2）<br>ETR |
|---|---|---|
| *TREATPOST* | 0.0250** | 0.0234** |
| | （2.48） | （2.33） |
| *ROA* | | −0.0004 |
| | | （−0.50） |
| *SALES* | | −0.0039 |
| | | （−0.42） |
| *LEV* | | 0.0004 |
| | | （0.32） |
| *PPE* | | 0.0461 |
| | | （1.18） |
| *INTANG* | | 0.0137 |
| | | （0.20） |
| *INVENTORY* | | 0.0963** |
| | | （2.16） |
| *SIZE* | | 0.0125 |
| | | （1.06） |

| 变量 | （1）<br>ETR | （2）<br>ETR |
|---|---|---|
| MB | | 0.0000 |
| | | （1.53） |
| _CONS | 0.2222*** | 0.0005 |
| | （36.74） | （0.00） |
| YEAR FE | YES | YES |
| FIRM FE | YES | YES |
| N | 4 982 | 4 982 |
| Adj-R² | 0.0148 | 0.0169 |

注：第（1）列表示在没有加入控制变量的情况下的回归结果，第（2）列表示加入控制变量后的回归结果；括号内数字为双尾检验的 t 值；标准误差经过企业层面 Cluster 群聚调整；***、**、*分别表示在 1%、5%、10% 水平上显著。

## 五、考虑中小板和创业板样本

虽然中小板和创业板企业在发行上市条件、交易机制和监管力度等方面存在差异，但考虑到只选择主板上市企业会损失大量样本，原因在于所有主板上市企业在 2014 年以后必须强制性实施内部控制审计而无对照组样本。因此，本章考虑加入中小板和创业板企业作为对照组样本进行重新检验。表 6-13 报告了考虑中小板和创业板样本后的回归结果。在第（1）列中，*TREATPOST* 和避税水平 *ETR* 在 1% 的水平上显著为正（0.0130，t=2.97）。在加入了相关控制变量之后，如第（2）列所示，*TREATPOST* 和避税水平 *ETR* 依旧在 1% 的水平上显著为正（0.0196，t=4.43）。结果表明在放宽了样本范围之后，主回归结果依旧成立。

表6-13 考虑中小板和创业板样本

| 变量 | （1）<br>ETR | （2）<br>ETR |
|------|------|------|
| TREATPOST | 0.0130*** | 0.0196*** |
|  | （2.97） | （4.43） |
| ROA |  | −1.1243*** |
|  |  | （−18.34） |
| SALES |  | 0.0245*** |
|  |  | （3.87） |
| LEV |  | 0.0333* |
|  |  | （1.78） |
| PPE |  | −0.0158 |
|  |  | （−0.78） |
| INTANG |  | −0.0538 |
|  |  | （−0.99） |
| INVENTORY |  | 0.0350 |
|  |  | （1.23） |
| SIZE |  | −0.0177** |
|  |  | （−2.32） |
| MB |  | 0.0008 |
|  |  | （0.81） |
| _CONS | 0.1877*** | 0.1059 |
|  | （51.47） | （0.77） |

| 变量 | (1) | (2) |
|---|---|---|
| | ETR | ETR |
| YEAR FE | YES | YES |
| FIRM FE | YES | YES |
| N | 12 351 | 12 351 |
| Adj-R² | 0.0205 | 0.0942 |

注：第（1）列表示在没有加入控制变量的情况下的回归结果，第（2）列表示加入控制变量后的回归结果；括号内数字为双尾检验的 t 值；标准误差经过企业层面 Cluster 群聚调整；***、**、*分别表示在 1%、5%、10% 水平上显著。

## 六、扩大样本时间范围

尽管所有主板上市公司都于 2014 年以后强制性实施内部控制审计，但是强制性内部控制审计的制度可能对企业有着长期的影响。因此，为了观测该政策是否有长期的经济效应，本章在考虑创业板和中小板企业的同时，进一步扩大样本时间范围，将样本选取截至 2018年。表 6-14 的第（1）列表示在没有加入控制变量的情况下的回归结果，第（2）列表示加入控制变量后的回归结果。在第（1）列中，*TREATPOST* 和避税水平 *ETR* 在 1% 的水平上显著为正（0.0106，t=2.60）。在加入了相关控制变量之后，如第（2）列所示，*TREATPOST* 和避税水平 *ETR* 依旧在 1% 的水平上显著为正（0.0173，t=4.15）。结果表明在放宽了样本时间范围之后，主回归结果依旧成立，即强制性内部控制审计制度在 2014 年后对企业避税水平依旧发挥持续的治理效应。

表6-14 　　　　　　　　　　　　扩大样本时间范围

| 变量 | （1）<br>ETR | （2）<br>ETR |
|------|------|------|
| TREATPOST | 0.0106*** | 0.0173*** |
| | （2.60） | （4.15） |
| ROA | | −1.1408*** |
| | | （−19.82） |
| SALES | | 0.0168*** |
| | | （3.06） |
| LEV | | 0.0203 |
| | | （1.24） |
| PPE | | −0.0063 |
| | | （−0.30） |
| INTANG | | −0.0806* |
| | | （−1.88） |
| INVENTORY | | 0.0501** |
| | | （2.29） |
| SIZE | | −0.0180*** |
| | | （−2.72） |
| MB | | 0.0002 |
| | | （0.26） |
| _CONS | 0.1873*** | 0.2779*** |
| | （49.91） | （2.92） |
| YEAR FE | YES | YES |
| FIRM FE | YES | YES |
| N | 17 233 | 17 233 |
| Adj-$R^2$ | 0.0177 | 0.0904 |

注：第（1）列表示在没有加入控制变量的情况下的回归结果，第（2）列表示加入控制变量后的回归结果；括号内数字为双尾检验的t值；标准误差经过企业层面Cluster群聚调整；***、**、*分别表示在1%、5%、10%水平上显著。

## 七、替换模型设定

本章进一步采用另一种模型设定PSM-DID（Gong等，2016），该方法被认为可以有效解决跨期多时点的自然实验设计问题，因为经过PSM后的样本可以用来在不同政策实施年度间进行比较。参考王永海和王嘉鑫（2017）的研究，本模型样本区间为2008—2013年，是考虑到如果将2014年及以后年度纳入样本区间，则不符合条件的非国有企业既是前两批次实施公司的对照组，又作为2014年及以后年度的实验组，这会对双重差分估计产生严重干扰。同时，为了确保有足够的对照组样本，我们还考虑加入中小板和创业板企业。首先，本章以式（6.1）中包含的所有控制变量上一期的数值作为特征变量，采用Probit回归计算当期成为实验组（$TREAT=1$）的得分并使用不放回的卡尺内的最近邻匹配进行逐年一对一匹配。对于卡尺的数值选择，本章参考陈强（2010）一书中对于最优卡尺选择的推荐方法，使用倾向得分的标准差乘以0.25，计算结果显示该值为0.069，因此选取0.05作为模型的卡尺数值。为了检验假设强制性内部控制审计的实施对企业避税水平的影响，本章设计了如下模型：

$$ETR_t = \beta_0 + \beta_1 TREAT_t + \beta_2 POST_t + \beta_3 TREAT_t*POST_t + Controls_t + \varepsilon_t \qquad (6.2)$$

其中，$POST$表示强制性内部控制审计政策实施前后的虚拟变量。具体来说，对于主板上市的国有企业，2012年以前为0，2012年及以后为1；对于符合条件的非国有主板上市公司，2013年为1，2013年及以前为0。$TREAT$用来区分实验组与控制组，当$TREAT$为1时，代表主板上市的国有企业以及符合条件的主板上市的非国有企业，即实验组；当$TREAT$为0时，代表不符合条件的主板上市非国有企业和中小板、创业板企业，即控制组。交互项$TREAT*POST$的系数反映强制性实施内部控制审计对企业避税水平的影响，若本章的研究假设成立，我们预期系数$\beta_3$应显著为正。

表6-15报告了替换模型设定后的检验结果，为了保证结果的稳健性，本章还采用了如下逐步放入控制变量和多种标准误差计算方法：第（1）列表示在没有加入控制变量的情况下的回归结果，第（2）列与第（3）列表示加入控制变量后的回归结果；此外，第（1）列与第（2）列的标准误差经过企业群聚效应调整，第（3）列的标准误差经过White异方差调整。结果显示，在所有列中*TREAT\*POST*的系数均在1%的水平上显著为正（0.0169，t=3.14；0.0163，t=3.20；0.0163，t=3.18），进一步验证了主回归结果的稳健性。

表6-15 　　　　　　　　　　　　替换模型设定

| 变量 | （1）<br>ETR | （2）<br>ETR | （3）<br>ETR |
|---|---|---|---|
| *TREAT* | 0.0195*** | −0.0014 | −0.0014 |
|  | (4.62) | (−0.29) | (−0.40) |
| *POST* | 0.0099*** | 0.0036 | 0.0036 |
|  | (3.23) | (1.22) | (1.21) |
| *TREAT\*POST* | 0.0169*** | 0.0163*** | 0.0163*** |
|  | (3.14) | (3.20) | (3.18) |
| *ROA* |  | −0.8418*** | −0.8418*** |
|  |  | (−15.96) | (−21.78) |
| *SALES* |  | 0.0114*** | 0.0114*** |
|  |  | (3.62) | (4.70) |
| *LEV* |  | 0.0029 | 0.0029 |
|  |  | (0.23) | (0.29) |
| *PPE* |  | 0.0153 | 0.0153* |
|  |  | (1.26) | (1.74) |

| 变量 | （1）ETR | （2）ETR | （3）ETR |
|------|---------|---------|---------|
| INTANG | | 0.1078*** | 0.1078*** |
| | | （3.15） | （4.38） |
| INVENTORY | | 0.0920*** | 0.0920*** |
| | | （5.20） | （6.98） |
| SIZE | | −0.0088** | −0.0088*** |
| | | （−2.48） | （−3.31） |
| MB | | 0.0027*** | 0.0027*** |
| | | （2.80） | （3.49） |
| _CONS | 0.0774*** | 0.0367 | 0.0367 |
| | （5.08） | （0.89） | （1.23） |
| N | 5 140 | 5 140 | 5 140 |
| Adj−R² | 0.0812 | 0.1695 | 0.1695 |

注：第（1）列表示在没有加入控制变量的情况下的回归结果，第（2）列与第（3）列表示加入控制变量后的回归结果；括号中的数字为双尾检验的t值，其中，第（1）列与第（2）列的标准误差经过企业群聚效应调整，第（3）列的标准误差经过White异方差调整；***、**、*分别表示在1%、5%和10%水平上显著。

## 八、安慰剂检验

双重差分实验设计是通过某件外生事件的发生来识别变量间的因果关系，但不可忽视的是，双重差分的检验结果可能会受到某种偶然性因素的驱动，故而并不能反映真实因果关系。对于本章的研究来说，即便没有2012年强制性内部控制审计的政策冲击，本章的研究结论可能依然成立。此外，还可能存在同期其他政策对检验结果造成干扰，影响结果的稳健性。针对这一问题，本章采用安慰剂检验，即通过制造一种和样本类似的反事实验证因果关系。借鉴王永海和王嘉鑫（2017）、王嘉鑫（2020）的做法，本章对实验组和控制组随机分配重新检验，在7 405个全样本中随机抽取与原实验组相同数量（2 630个）的样本作为新的实验组，其余样本作为新的控制组，反复进行1 000次模拟实验。如果安慰剂检验中的系数不再显著，则说明通过安慰剂检验，本章的研究结论不受其他政策或偶然性因素的影响。表6-16列示了不同统计量下（标准差、均值、5分位数、25分位数、中位数、75分位数和95分位数）$TREATPOST$的回归系数和T值。结果显示，不同统计量下的$TREATPOST$的回归系数均不显著，这进一步验证了本章研究结论的稳健性，即确实是2012年强制性内部控制审计政策的实施降低了企业的避税水平。

表6-16　　　　　　　　　　　安慰剂检验

| 变量 | S.D. | Mean | P5 | P25 | Median | P75 | P95 |
|---|---|---|---|---|---|---|---|
| Coefficient of $TREATPOST$ | 0.0032 | −0.0002 | −0.0055 | −0.0024 | −0.0003 | 0.0021 | 0.0053 |
| T−stat for $TREATPOST$ | 0.9992 | −0.05698 | −1.5266 | −0.7340 | −0.0811 | 0.6489 | 1.6051 |

## 第五节　进一步分析

### 一、强制性内部控制审计与诉讼风险

毛新述和孟杰（2013）使用内部控制指数和是否自愿披露内部控制评价报告作为衡量企业内部控制质量水平的代理指标，并证实了内部控制审计的实施有利于强化法律和监管制度的实施，从而降低公司的诉讼风险。相应地，本章认为强制性内部控制审计的实施将内部控

制理论付诸了实践，可以发挥第三方审计对企业诉讼风险的治理效应。在本部分，本章进一步使用企业诉讼风险来衡量企业内部控制合规性目标的实现程度，以提高结论的稳健性。

为了检验强制性内部控制审计的实施对企业诉讼风险的影响，本章使用双重差分法构建 OLS 回归式（6.3）进行检验：

$$LITIAMOUNT_t = \beta_0 + \beta_1 TREATPOST_t + Controls_t + Firm\ Year\ FE + \varepsilon_t \qquad (6.3)$$

其中，因变量 $LITIAMOUNT_t$ 为诉讼风险，等于诉讼涉案总金额与净资产的比值。自变量 $TREATPOST_t$，在区分实验组和控制组的同时，也控制了制度实施年度，具体来说：对于主板上市的国有企业，2012 年及以后 $TREATPOST_t$ 为 1，2012 年以前为 0；对于符合市值和净利润条件的非国有主板上市公司，2013 年及以后 $TREATPOST_t$ 为 1，2013 年以前为 0；对于不符合条件的主板上市非国有企业，2014 年 $TREATPOST_t$ 为 1，2014 年以前为 0。$TREATPOST_t$ 前的回归系数 $\beta_1$ 反映强制性内部控制审计制度颁布前后实验组与控制组的诉讼风险水平差异，本章预期 $\beta_1$ 的系数为负。

$Controls_t$ 为一系列可能影响企业诉讼风险水平的控制变量，主要包括：盈利能力 $ROA_t$、财务杠杆水平 $LEV_t$、固定资产规模 $PPE_t$、无形资产规模 $INTANG_t$、存货规模 $INVENTORY_t$、企业规模 $SIZE_t$、股权集中度 $HLD_t$、股权制衡度 $BALANCE_t$、独立董事比例 $INDEP_t$、董事会规模 $BOARD_t$ 和两职合一虚拟变量 $DUALITY_t$。同时，我们还控制了企业和年度固定效应，并对标准误差在企业层面 Cluster 群聚调整，回归结果见表 6-17。在第（1）列中，$TREATPOST$ 和诉讼风险水平 $LITIAMOUNT$ 在 5% 的水平上显著为负（-0.0068，t=-2.52）。在加入了相关控制变量之后，如第（2）列所示，$TREATPOST$ 和诉讼风险水平 $LITIAMOUNT$ 依旧在 5% 的水平上显著为负（-0.0056，t=-2.10）。

这进一步从诉讼风险的角度上验证了强制性内部控制审计对企业合规目标实现发挥的治理效应。

表6-17 强制性内部控制审计与诉讼风险

| 变量 | (1) LITIAMOUNT | (2) LITIAMOUNT |
|---|---|---|
| TREATPOST | −0.0068** | −0.0056** |
| | （−2.52） | （−2.10） |
| ROA | | 0.0003 |
| | | （0.01） |
| LEV | | −0.0087** |
| | | （−2.30） |
| PPE | | −0.0024 |
| | | （−0.41） |
| INTANG | | −0.0104 |
| | | （−0.36） |
| INVENTORY | | 0.0092 |
| | | （0.82） |
| SIZE | | 0.0002 |
| | | （0.09） |
| HLD | | −0.0234 |
| | | （−1.58） |
| BALANCE | | 0.0027 |
| | | （0.74） |
| INDEP | | 0.0146 |
| | | （0.65） |

| 变量 | （1）<br>*LITIAMOUNT* | （2）<br>*LITIAMOUNT* |
|---|---|---|
| *BOARD* | | −0.0003 |
| | | （−0.43） |
| *DUALITY* | | −0.0023 |
| | | （−0.66） |
| *_CONS* | 0.0105*** | 0.0164 |
| | （6.94） | （0.40） |
| *YEAR FE* | YES | YES |
| *FIRM FE* | YES | YES |
| *N* | 6 712 | 6 712 |
| *Adj-R²* | 0.0094 | 0.0172 |

注：第（1）列表示在没有加入控制变量的情况下的回归结果，第（2）列表示加入控制变量后的回归结果；括号内数字为双尾检验的 t 值；标准误差经过企业层面 Cluster 群聚调整；***、**、*分别表示在1%、5%、10% 水平上显著。

## 二、强制性内部控制审计与企业违规

根据舞弊三角理论，违规行为的发生是动机、机会与管理层态度共同作用的结果。较高的违规收益和较低的违规成本会诱使管理层违规，而较低的稽查率又为违规行为提供机会（李世辉等，2019）。我们认为强制性内部控制审计的实施提高了企业的信息透明度，压缩了管理层攫取私利的空间。在强制性内部控制审计的监管压力下，企业一旦遭受违规处罚或卷入法律诉讼，就可能会面临声誉损失的风险以及市场回报的风险（单华军，2010）。综上，本章认为强制性内部控制审计的实施会抑制企业违规行为的发生。借鉴江新峰等（2020）的研究，我们分别从违规频率（每一年违规行为发生的次数）和违规涉案金额的角度对企业违规进行衡量。

为了检验强制性内部控制审计的实施对企业违规行为的影响，本章使用双重差分法构建OLS回归式（6.4）进行检验：

$$VION_t(VIOM_t) = \beta_0 + \beta_1 TREATPOST_t + Controls_t + Firm\ Year\ FE + \varepsilon_t \quad (6.4)$$

其中，因变量 $VION_t$（$VIOM_t$）为企业当年违规行为发生的次数（当年违规涉案金额占总资产的比例乘以100）。自变量 $TREATPOST_t$，在区分实验组和控制组的同时，也控制了制度实施年度，具体来说：对于主板上市的国有企业，2012年及以后 $TREATPOST_t$ 为1，2012年以前为0；对于符合市值和净利润条件的非国有主板上市公司，2013年及以后 $TREATPOST_t$ 为1，2013年以前为0；对于不符合条件的主板上市非国有企业，2014年 $TREATPOST_t$ 为1，2014年以前为0。$TREATPOST_t$ 前的回归系数 $\beta_1$ 反映强制性内部控制审计制度颁布前后实验组与控制组的违规频率（违规涉案金额）间的差异，本章预期 $\beta_1$ 的系数为负。

$Controls_t$ 为一系列可能影响企业违规的控制变量，主要包括：盈利能力 $ROA_t$、财务杠杆水平 $LEV_t$、成长性 $GROWTH_t$、固定资产规模 $PPE_t$、无形资产规模 $INTANG_t$、存货规模 $INVENTORY_t$、独立董事比例 $INDEP_t$、董事会规模 $BOARD_t$ 和两职合一虚拟变量 $DUALITY_t$。同时，我们还控制了企业和年度固定效应，并对标准误差在企业层面Cluster群聚调整，回归结果见表6-18。表6-18的第（1）和（2）列报告了强制性内部控制审计与企业违规频率（$VION$）的回归结果。可以看出，在第（1）列中，$TREATPOST$ 和违规频率 $VION$ 在5%的水平上显著为负（−0.0003，t=−2.27）。在加入了相关控制变量之后，如第（2）列所示，*TREATPOST*和违规频率*VION*依旧在10%的水平上显著为负（−0.0002，t=−1.74），这表明强制性内部控制审计的实施降低了企业发生违规行为的次数。第（3）和（4）列则展示了强制性内部控制审计与企业违规涉案金额（*VIOM*）的回归结果。结果表明，无论是否加入相关控制变量，*TREATPOST*都和违规涉案金额*VIOM*在1%的水平上显著为负（−0.0332，t=−3.15；−0.0306，t=−2.88）。综上，这又从企业违规的角度上验证了强制性内部控制审计对企业合规目标实现发挥的治理效应。

表6-18　　　　　　　　强制性内部控制审计与企业违规

| 变量 | （1）<br>*VION* | （2）<br>*VION* | （3）<br>*VIOM* | （4）<br>*VIOM* |
|---|---|---|---|---|
| *TREATPOST* | −0.0003** | −0.0002* | −0.0332*** | −0.0306*** |
| | （−2.27） | （−1.74） | （−3.15） | （−2.88） |
| *ROA* | | −0.0019 | | −0.1261*** |
| | | （−1.50） | | （−2.93） |
| *LEV* | | 0.0006** | | 0.0310*** |
| | | （2.25） | | （3.12） |
| *PPE* | | −0.0000 | | −0.0007 |
| | | （−0.01） | | （−0.42） |
| *INTANG* | | −0.0009* | | −0.0033 |
| | | （−1.94） | | （−0.22） |
| *INVENTORY* | | 0.0003 | | 0.0185 |
| | | （0.26） | | （0.58） |
| *INDEP* | | −0.0016*** | | −0.0380** |
| | | （−2.72） | | （−2.10） |

| 变量 | （1）<br>VION | （2）<br>VION | （3）<br>VIOM | （4）<br>VIOM |
| --- | --- | --- | --- | --- |
| BOARD | | 0.0007 | | −0.0432 |
| | | (0.70) | | (−0.97) |
| DUALITY | | −0.0001*** | | −0.0046*** |
| | | (−3.37) | | (−4.09) |
| _CONS | 0.0005 | 0.0002 | 0.0330 | 0.0167** |
| | (1.40) | (0.95) | (1.44) | (2.16) |
| YEAR FE | YES | YES | YES | YES |
| FIRM FE | YES | YES | YES | YES |
| N | 9 050 | 9 050 | 9 050 | 9 050 |
| Adj-R² | 0.0089 | 0.0136 | 0.0235 | 0.0315 |

注：第（1）和（3）列表示在没有加入控制变量的情况下的回归结果，第（2）和（4）列表示加入控制变量后的回归结果；括号内数字为双尾检验的t值；标准误差经过企业层面Cluster群聚调整；***、**、*分别表示在1%、5%、10%水平上显著。

## 本章小结

本章研究强制性内部控制审计实施对企业避税水平的影响。研究发现，强制性内部控制审计实施之后，企业的避税水平有所下降，这从合规目标的角度验证了强制性内部控制审计的实施对抑制企业避税的治理效应。同时，企业注册地的制度环境会加强强制性内部控制审计对避税行为的治理效应，而企业的融资约束会削弱强制性内部控制审计对避税行为的治理效应。稳健性测试中，本章对平行趋势假设进行了验证，在采用替换避税的衡量方式、考虑未来一期企业避税水平、剔除自愿披露样本、考虑中小板和创业板样本、扩大样本时间范围、替换模型设定和安慰剂检验等稳健性分析后，本章主要结论依旧成立。在进一步分析中，我们采用企业诉讼风险和企业违规作为衡量企业合规性目标实现水平的替代指标，增强了结论的稳健性。

第七章

# 研究结论及研究展望

## 第一节　研究结论

与国外发达国家成熟资本市场相比，我国内部控制审计制度建设的实践起步相对较晚。2008 年和 2010 年，《企业内部控制基本规范》及其配套指引的出台标志着我国的内部控制审计制度的初步建立。但长期以来，由于我国资本市场存在弱法律环境的不完备性的特征，资本市场中以处于信息劣势地位散户中小投资者为主导，加上企业普遍缺乏自愿实施内部控制审计的动机，致使该制度的落实工作并不理想。2012 年，我国财政部联合证监会发布《分类分批实施通知》，要求所有主板上市公司都应当自 2012 年起分类分批开展内部控制体系建设，标志着我国内部控制审计正式进入强制性实施阶段，这为本书研究强制性内部控制审计的治理效应提供了良好的契机。

现有有关内部控制审计经济后果的研究，研究背景大多设置在自愿实施内部控制审计阶段，且绝大部分通过定义政策虚拟变量，利用 OLS 和面板固定效应模型进行回归的方法，或是将 2012 年以后全部公司"一刀切"划分为强制实施的范围内，这会使得研究结论具有内生性的问题。而国内已有的强制性内部控制审计经济后果的相关研究缺乏从内部控制基本目标的系统的视角来检验强制性内部控制审计的治理效应。同时，以往文献对审计治理作用的研究几乎都局限于财务报表审计，与内部控制审计治理效应相关的研究非常有限。

基于上述制度和理论背景，本书采用多期 DID 的方法，以《分类分批实施通知》作为自然实验背景，基于内部控制三大基本目标（经营目标、财务报告目标和合规目标）构建了一个强制性内部控制审计治理效应的整合框架，分别从企业非效率投资、真实盈余管理和避税行为决策三个方面展开研究，主要结论如下：

其一，强制性内部控制审计实施之后，企业的非效率投资水平有所下降，这从内部控制经营目标的角度验证了强制性内部控制审计的实施对改善企业非效率投资的治理效应。接着，本书又考察了企业注册地的制度环境和企业信息环境的调节影响，结果显示企业注册地的制度环境和企业信息环境会加强上述治理效应。在进一步分析中，本书使用经营效率作为内部控制经营目标实现的替代指标，并验证了强制性内部控制审计的实施对经营效率的治理效应。此外，强制性内部控制审计的实施有助于督促管理层遵守规定及时发现并披露有关的内部控制缺陷，并对相关内部控制缺陷进行整改，有效地提高了企业内部控制质量。在宏观层面上，强制性内部控制审计实施后，企业非效率投资对区域宏观经济不确定性的边际影响会降低。

其二，强制性内部控制审计实施之后，企业的真实盈余管理水平有所下降，这从财务报告目标的角度验证了强制性内部控制审计的实施对改善企业真实盈余管理的治理效应。接着，我们分别考察了企业注册地的制度环境和企业代理成本的调节影响，结果显示企业注册地的制度环境会加强上述治理效应，而企业的代理成本会削弱上述治理效应。在对真实盈余管理不同组成部分进行分组检验时，本书发现强制性内部控制审计的实施会抑制企业的生产操纵行为，而对现金流操纵和费用操纵行为影响不显著。此外，考虑到盈余管理的另一种形式，本书发现强制性内部控制审计的实施对企业应计盈余管理水平并无影响，这可能是由于随着监管的不断完善，企业高管本身就不倾向选择成本更高风险更大的应计盈余管理的形式。

其三，强制性内部控制审计实施之后，企业的避税水平有所下降，这从合规目标的角度验证了强制性内部控制审计的实施对抑制企业避税的治理效应。接着，我们分别考察了企业注册地的制度环境和企业融资约束的调节影响，结果显示企业注册地的制度环境会加强上述治理效应，而企业的融资约束会削弱上述治理效应。为了增强结论的稳健性，本书还使用企业诉讼风险和企业违规作为衡量内部控制合规性目标实现水平的替代指标。

## 第二节　政策建议

本书的研究结论对于政策制定及企业管理都有一定的借鉴意义。基于前文的研究结果，本书分别对会计师事务所、相关监管部门和上市公司三个主体提出以下建议：

其一，会计师事务所应发挥财务报告审计和内部控制审计的整合审计的作用，实现信息共享，进一步促进强制性内部控制审计的治理效应。根据前文结论，我们发现强制性内部控制审计的实施对企业非效率投资、真实盈余管理和激进避税的抑制效应会受到公司注册地所在地区市场化水平和法治化水平的影响。因此，会计师事务所应加大对处于较差制度环境地区的企业的审计投入，以更加谨慎的执业态度保障内部控制审计的实施不受制度环境的干扰。此外，由于我国上市公司年度报告均应当在每个会计年度结束之日起4个月内编制完成并披露，这可能会造成事务所的业务相对集中，对审计质量产生不利影响。为了应对这一可能的不利影响，事务所应推进内部控制审计的常规化，将一部分审计工作放在期中审计阶段，确保审计质量不受损。

其二，相关监管部门应密切关注和及时评价上市公司强制性内部控制审计的实施情况，进一步完善上市公司内部控制信息披露和监管等制度的建立和落实。尽管所有A股主板上市公司在2014年均已全部纳入强制性披露内部控制审计报告的范围，然而，在强制性要求披露内部控制自我评价报告和审计报告的背景下，上市公司的内部控制信息披露仍然存在较大差异。根据我们对样本企业内部控制审计报告的查阅发现，企业间内部控制信息披露的差异主要表现为：第一，虽然规范了上市公司内部控制信息披露格式，但是上市公司对于披露的实际内容仍具有一定的自主裁量权，企业间存在较大差异性；第二，内部控制信息不仅仅体现在内部控制自我评价报告、内部控制审计报告中，还在定期报告各章节中呈现（例如"董事会讨论与分析"和"公司治理"等章节），而这些内部控制信息在不同上市公司间存在较大差异。针对这些问题，监管部门应当深入调研，了解企业及各利益相关者的需求，规范内部控制信息披露的披露流程和内容，提高信息披露的透明度。除此之外，监管部门并未给出相应的处罚措施，这可能会使得强制性内部控制审计实施效果并未达到最佳，有些公司并未严格遵守相关的政策规定。鉴于此，相关监管部门应当完善相关政策，加大对未按时披露内部控制审计报告公司的处罚力度，督促上市公司改善公司的信息质量，从而提高资本市场资源分配的效率。

其三，上市公司应积极、及时地披露有效的内部控制信息，配合会计师事务所和相关监管部门的工作。根据前文研究结论，尽管强制性内部控制审计的实施对企业应计盈余管理水平并无影响，我们猜测这可能是由于随着监管的不断完善，企业高管本身就不倾向选择成本更高风险更大的应计盈余管理的形式。但这也意味着应计盈余管理可能会成为监管漏洞，被管理层所利用。同时，企业还应建立起管理层绩效考评与内部控制责任挂钩的机制，这有助于将管理层的自身利益与内部控制建设紧密联系在一起，避免因追求私人利益而进行损害公司价值和股东利益的机会主义行为。据此，上市公司应当防范和控制风险，促进信息沟通，减少信息的不对称，降低管理层不同形式的盈余操纵空间，完善企业的内部控制体系。

## 第三节　不足和展望

本书存在以下研究内容和研究方法上的不足：

研究内容方面，首先，本书基于内部控制三大基本目标分别检验了强制性内部控制审计对非效率投资、真实盈余管理和避税行为的治理效应，但事实上整体的研究思路仍相对较为基础，还未针对具体机制做进一步的研究，即强制性内部控制审计究竟是通过何种渠道对企业内部控制审计发挥治理效应的。其次，本书仅按是否被强制性要求披露内部控制审计报告作为区分实验组和控制组的标准，未对控制组公司进一步划分为自愿性披露内部控制审计报告和未披露内部控制审计报告。此外，目前除了A股主板上市企业之外，其他企业的内部控制审计还属于自愿披露阶段，因此在强制性披露和自愿披露两种制度并存的背景下，孰优孰劣还不得而知。最后，本书的研究仅从企业微观行为是否会对宏观经济不确定性产生影响展开，尚未探究对宏观经济其他方面更深层次的影响。

研究方法方面，首先，本书主回归中使用的双重差分设计中，仅保留了A股主板上市企业，这会造成样本量较小。虽然在稳健性分析中，又考虑了加入中小板和创业板企业作为对照组样本，但是由于中小板、创业板和主板上市公司在发行上市条件、交易机制和监管力度等方面存在差异，这样的稳健性处理方法还是可能存在一定的缺陷。其次，同时期还有其他事件可能对本书结果产生偏差，比如党的十八大以后的"反腐风暴"和国有企业的"限薪令"等的出台，尽管这一系列的反腐行动更多的是对高管显性薪酬和隐性消费产生直接影响，但由于管理层的行为决策都会和薪酬等产生或多或少的关联，进而会间接影响高管有关投资、盈余操纵和避税等行为决策。未来的研究可以考虑控制这一潜在因素的可能影响。最后，本书采用倾向得分匹配等方式对结果进行稳健性测试，然而匹配的方法只能保证可观测变量不对结果造成影响，而无法确保不可观测变量不对结果造成影响。

本书的展望如下：

首先，未来的研究可以进一步细化检验强制性内部控制审计是究竟如何作用于企业的内部控制和公司治理而实现治理效应的，比如说可以从整合审计的角度探究内部控制审计发挥治理效应的结果最后会如何影响财务报告审计的效果。其次，未来的研究可以进一步拓展内部控制审计在宏观层面上的效果，并关注自愿性和强制性两种披露制度对信息质量的不同影响，从而为相关监管部门在上市公司全面推行内部控制审计制度指明方向。最后，未来的研究可以借助文本挖掘等新技术，对公司网站、媒体报道等途径披露的内部控制相关信息进行具体分析，并结合企业当年的内部控制自我评价报告和审计报告，探究企业内部控制工作安排及其背后的动机，为审计师明确审计重点提供方向。

上述的不足及展望，也是未来进一步研究的思路和方向。随着我国内部控制法规的不断完善，相信对这些问题的研究不仅会在理论方面有所创新突破，更能够为我国内部控制实践提供更新的方向指引。

# 参考文献

[1]    ABBOTT L J, PARKER S, PETERS G F. Audit committee characteristics and restatements [J]. Auditing: A Journal of Practice & Theory, 2004, 23 (1): 69-87.

[2]    AKERLOF G A. The market for "lemons": Quality uncertainty and the market mechanism [J]. The Quarterly Journal of Economics, 1970, 84 (3): 488-500.

[3]    ALI A, ZHANG W. CEO tenure and earnings management [J]. Journal of Accounting & Economics, 2015, 59 (1): 60-79.

[4]    ALTAMURO J, BEATTY A. How does internal control regulation affect financial reporting? [J]. Journal of Accounting & Economics, 2010, 49 (1-2): 58-74.

[5]    ARMSTRONG C S, BLOUIN J L, JAGOLINZER A D, et al. Corporate governance, incentives, and tax avoidance [J]. Journal of Accounting & Economics, 2015, 60 (1): 1-17.

[6]    ARMSTRONG C S, BLOUIN J L, LARCKER D F. The incentives for tax planning [J]. Journal of Accounting & Economics, 2012, 53 (1): 391-411.

[7]  ASHBAUGH-SKAIFE H, COLLINS D W, KINNEY JR W R. The discovery and reporting of internal control deficiencies prior to SOX-mandated audits [J]. Journal of Accounting & Economics, 2007, 44（1-2）: 166-192.

[8]  ASHBAUGH-SKAIFE H, COLLINS D W, KINNEY JR W R, et al. The effect of SOX internal control deficiencies and their remediation on accrual quality [J]. The Accounting Review, 2008, 83（1）: 217-250.

[9]  ASHBAUGH-SKAIFE H, COLLINS D W, KINNEY JR W R, et al. The effect of SOX internal control deficiencies on firm risk and cost of equity [J]. Journal of Accounting Research, 2009, 47（1）: 1-43.

[10]  ATWOOD T J, DRAKE M S, MYERS J N, et al. Home country tax system characteristics and corporate tax avoidance: International evidence [J]. The Accounting Review, 2012, 87（6）: 1831-1860.

[11]  AUSTIN C R, WILSON R J. An examination of reputational costs and tax avoidance: Evidence from firms with valuable consumer brands [J]. The Journal of the American Taxation Association, 2017, 39（1）: 67-93.

[12]  BADOLATO P G, DONELSON D C, EGE M. Audit committee financial expertise and earnings management: The role of status [J]. Journal of Accounting & Economics, 2014, 58（2-3）: 208-230.

[13]  BALL R, FOSTER G. Corporate financial reporting: A methodological review of empirical research [J]. Journal of Accounting Research, 1982, 20161-234.

[14]  BALSAM S, HAW I-M, LILIEN S B. Mandated accounting changes and managerial discretion [J]. Journal of Accounting & Economics, 1995, 20（1）: 3-29.

[15]  BARGERON L L, LEHN K M, ZUTTER C J. Sarbanes-Oxley and corporate risk-taking [J]. Journal of Accounting & Economics, 2010, 49（1-2）: 34-52.

[16]    BAUER A M. Tax avoidance and the implications of weak internal controls [J]. Contemporary Accounting Research, 2016, 33 (2): 449-486.

[17]    BAUM C F, CAGLAYAN M, OZKAN N, et al. The impact of macroeconomic uncertainty on non-financial firms' demand for liquidity [J]. Review of Financial Economics, 2006, 15 (4): 289-304.

[18]    BEDARD J C, GRAHAM L. Detection and severity classifications of Sarbanes-Oxley Section 404 internal control deficiencies [J]. The Accounting Review, 2011, 86 (3): 825-855.

[19]    BEDARD J C, HOITASH R, HOITASH U, et al. Material weakness remediation and earnings quality: A detailed examination by type of control deficiency [J]. Auditing: A Journal of Practice & Theory, 2012, 31 (1): 57-78.

[20]    BHANDARI A, JAVAKHADZE D. Corporate social responsibility and capital allocation efficiency [J]. Journal of Corporate Finance, 2017, 43354-377.

[21]    BIDDLE G C, HILARY G. Accounting quality and firm - level capital investment [J]. The Accounting Review, 2006, 81 (5): 963-982.

[22]    BIDDLE G C, HILARY G, VERDI R S. How does financial reporting quality relate to investment efficiency? [J]. Journal of Accounting & Economics, 2009, 48 (2-3): 112-131.

[23]    BOUBAKRI N, COSSET J-C, SAFFAR W. The role of state and foreign owners in corporate risk-taking: Evidence from privatization [J]. Journal of Financial Economics, 2013, 108 (3): 641-658.

[24]    BROWN J L, DRAKE K D. Network ties among low-tax firms [J]. The Accounting Review, 2014, 89 (2): 483-510.

[25]    BUCARO A C, JACKSON K E, LILL J B. The influence of corporate social responsibility measures on investors' judgments when integrated in a financial report versus presented in a separate report [J]. Contemporary

Accounting Research, 2020, 37 (2): 665-695.

[26] BUSHMAN R M, PIOTROSKI J D, SMITH A J. What determines corporate transparency? [J]. Journal of Accounting Research, 2004, 42 (2): 207-252.

[27] CAPLAN D H, DUTTA S K, LIU A Z. Are material weaknesses in internal controls associated with poor M&A decisions? Evidence from goodwill impairment [J]. Auditing: A Journal of Practice & Theory, 2018, 37 (4): 49-74.

[28] CARAMANIS C, LENNOX C. Audit effort and earnings management [J]. Journal of Accounting & Economics, 2008, 45 (1): 116-138.

[29] CEN L, MAYDEW E L, ZHANG L, et al. Customer-supplier relationships and corporate tax avoidance [J]. Journal of Financial Economics, 2017, 123 (2): 377-394.

[30] CHAN K C, FARRELL B, LEE P. Earnings management of firms reporting material internal control weaknesses under Section 404 of the Sarbanes-Oxley Act [J]. Auditing: A Journal of Practice & Theory, 2008, 27 (2): 161-179.

[31] CHEN C, KIM J, WEI M, et al. Linguistic information quality in customers' forward-looking disclosures and suppliers' investment decisions [J]. Contemporary Accounting Research, 2019a, 36 (3): 1751-1783.

[32] CHEN C, YOUNG D, ZHUANG Z. Externalities of mandatory IFRS adoption: Evidence from cross-border spillover effects of financial information on investment efficiency [J]. The Accounting Review, 2013, 88 (3): 881-914.

[33] CHEN Q, JIANG X, ZHANG Y. The effects of audit quality disclosure on audit effort and investment efficiency [J]. The Accounting Review, 2019b, 94 (4): 189-214.

[34] CHEN S, CHEN X, CHENG Q, et al. Are family firms more tax aggressive

than non-family firms? [J]. Journal of Financial Economics, 2010, 95 (1): 41-61.

[35] CHEN S, HUANG Y, LI N, et al. How does quasi-indexer ownership affect corporate tax-planning? [J]. Journal of Accounting & Economics, 2019c, 67 (2): 278-296.

[36] CHEN X, CHENG Q, WANG X. Does increased board independence reduce earnings management? Evidence from recent regulatory reforms [J]. Review of Accounting Studies, 2015, 20 (2): 899-933.

[37] CHENG M, DHALIWAL D, ZHANG Y. Does investment efficiency improve after the disclosure of material weaknesses in internal control over financial reporting? [J]. Journal of Accounting & Economics, 2013, 56 (1): 1-18.

[38] CHENG Q, GOH B W, KIM J B. Internal control and operational efficiency [J]. Contemporary Accounting Research, 2018, 35 (2): 1102-1139.

[39] CHENG S, FELIX R, INDJEJIKIAN R. Spillover effects of internal control weakness disclosures: The role of audit committees and board connections [J]. Contemporary Accounting Research, 2019, 36 (2): 934-957.

[40] CHIU T, KIM J, WANG Z. Customers' risk factor disclosures and suppliers' investment efficiency [J]. Contemporary Accounting Research, 2019, 36 (2): 773-804.

[41] CHOI A, CHOI J H, SOHN B C. The joint effect of audit quality and legal regimes on the use of real earnings management: International evidence [J]. Contemporary Accounting Research, 2018, 35 (4): 2225-2257.

[42] CHOI J-H, CHOI S, HOGAN C E, et al. The effect of human resource investment in internal control on the disclosure of internal control weaknesses [J]. Auditing: A Journal of Practice & Theory, 2013, 32 (4): 169-199.

[43] CHYZ J A. Personally tax aggressive executives and corporate tax sheltering [J]. Journal of Accounting & Economics, 2013, 56 (2): 311-328.

[44] COHEN D, MASHRUWALA R, ZACH T. The use of advertising activities to meet earnings benchmarks: Evidence from monthly data [J]. Review of Accounting Studies, 2010, 15 (4): 808-832.

[45] COHEN D A, DEY A, LYS T Z. Corporate governance reform and executive incentives: Implications for investments and risk taking [J]. Contemporary Accounting Research, 2013, 30 (4): 1296-1332.

[46] CORAM P J, MOCK T J, TURNER J L, et al. The communicative value of the auditor's report [J]. Australian Accounting Review, 2011, 21 (3): 235-252.

[47] COSTELLO A M, WITTENBERG - MOERMAN R. The impact of financial reporting quality on debt contracting: Evidence from internal control weakness reports [J]. Journal of Accounting Research, 2011, 49 (1): 97-136.

[48] D' MELLO R, GAO X, JIA Y. Internal control and internal capital allocation: evidence from internal capital markets of multi-segment firms [J]. Review of Accounting Studies, 2017, 22 (1): 251-287.

[49] DATAR S M, FELTHAM G A, HUGHES J S. The role of audits and audit quality in valuing new issues [J]. Journal of Accounting & Economics, 1991, 14 (1): 3-49.

[50] DAVIS A K, GUENTHER D A, KRULL L K, et al. Do socially responsible firms pay more taxes [J]. The Accounting Review, 2016, 91 (1): 47-68.

[51] DEANGELO L E. Auditor independence, 'low balling', and disclosure regulation [J]. Journal of Accounting & Economics, 1981, 3 (2): 113-127.

[52] DECHOW P, GE W, SCHRAND C. Understanding earnings quality: A review of the proxies, their determinants and their consequences [J]. Journal of Accounting & Economics, 2010, 50 (2-3): 344-401.

[53] DEFOND M, ZHANG J. A review of archival auditing research [J]. Journal of Accounting & Economics, 2014, 58 (2-3): 275-326.

[54] DEFOND M L, PARK C W. Smoothing income in anticipation of future earnings [J]. Journal of Accounting & Economics, 1997, 23 (2): 115-139.

[55] DEMERJIAN P R, LEV B, LEWIS M F, et al. Managerial ability and earnings quality [J]. The Accounting Review, 2013, 88 (2): 463-498.

[56] DENG L, JIANG P, LI S, et al. Government intervention and firm investment [J]. Journal of Corporate Finance, 2017, 101231.

[57] DESAI M A, DHARMAPALA D. Corporate tax avoidance and high powered incentives [J]. Journal of Financial Economics, 2006, 79 (1): 145-179.

[58] DESAI M A, DYCK I J A, ZINGALES L. Theft and taxes [J]. Journal of Financial Economics, 2007, 84 (3): 591-623.

[59] DHALIWAL D, HOGAN C, TREZEVANT R, et al. Internal control disclosures, monitoring, and the cost of debt [J]. The Accounting Review, 2011, 86 (4): 1131-1156.

[60] DONELSON D C, EGE M S, MCINNIS J M. Internal control weaknesses and financial reporting fraud [J]. Auditing: A Journal of Practice & Theory, 2017, 36 (3): 45-69.

[61] DOYLE J T, GE W, MCVAY S. Accruals quality and internal control over financial reporting [J]. The Accounting Review, 2007, 82 (5): 1141-1170.

[62] DUTTA S, NEZLOBIN A. Dynamic effects of information disclosure on investment efficiency [J]. Journal of Accounting Research, 2017, 55 (2): 329-369.

[63] DYRENG S D, HANLON M, MAYDEW E L. Long-run corporate tax avoidance [J]. The Accounting Review, 2008, 83 (1): 61-82.

[64] DYRENG S D, HANLON M, MAYDEW E L. The effects of executives on corporate tax avoidance [J]. The Accounting Review, 2010, 85 (4): 1163-1189.

[65] DYRENG S D, HOOPES J L, WILDE J H. Public pressure and corporate tax behavior [J]. Journal of Accounting Research, 2016, 54 (1): 147-186.

[66] EDWARDS A, SCHWAB C, SHEVLIN T. Financial constraints and cash tax savings [J]. The Accounting Review, 2015, 91 (3): 859-881.

[67] EDWARDS A, SCHWAB C M, SHEVLIN T J. Financial constraints and cash tax savings [J]. The Accounting Review, 2016, 91 (3): 859-881.

[68] ETTREDGE M L, LI C, SUN L. The impact of SOX Section 404 internal control quality assessment on audit delay in the SOX era [J]. Auditing: A Journal of Practice & Theory, 2006, 25 (2): 1-23.

[69] FAN J P, WONG T J. Do external auditors perform a corporate governance role in emerging markets? Evidence from East Asia [J]. Journal of Accounting Research, 2005, 43 (1): 35-72.

[70] FENG C, OLE-KRISTIAN H, QINGYUAN L, et al. Financial reporting quality and investment efficiency of private firms in emerging markets [J]. The Accounting Review, 2011, 86 (4): 1255-1288.

[71] GAERTNER F B. CEO after-tax compensation incentives and corporate tax avoidance [J]. Contemporary Accounting Research, 2014, 31 (4): 1077-1102.

[72] GALLEMORE J, LABRO E. The importance of the internal information environment for tax avoidance [J]. Journal of Accounting & Economics, 2015, 60 (1): 149-167.

[73] GAO X, JIA Y. Internal control over financial reporting and the safeguarding of corporate resources: Evidence from the value of cash holdings [J]. Contemporary Accounting Research, 2016, 33 (2): 783-814.

[74] GE W, MCVAY S. The disclosure of material weaknesses in internal control after the Sarbanes-Oxley Act [J]. Accounting Horizons, 2005, 19 (3): 137-158.

[75]  GIL SOO B, SEUNG UK C, DHALIWAL D S, et al. Auditors and client investment efficiency [J]. The Accounting Review, 2017, 92 (2): 19-40.

[76]  GIVOLY D, HAYN C, KATZ S P. Does public ownership of equity improve earnings quality [J]. The Accounting Review, 2010, 85 (1): 195-225.

[77]  GOH B W, KRISHNAN J, LI D. Auditor reporting under Section 404: The association between the internal control and going concern audit opinions [J]. Contemporary Accounting Research, 2013, 30 (3): 970-995.

[78]  GOH B W, LI D. Internal controls and conditional conservatism [J]. The Accounting Review, 2011, 86 (3): 975-1005.

[79]  GONG Q, LI O Z, LIN Y, et al. On the benefits of audit market consolidation: Evidence from merged audit firms [J]. The Accounting Review, 2016, 91 (2): 463-488.

[80]  GOODMAN T H, NEAMTIU M I, SHROFF N, et al. Management forecast quality and capital investment decisions [J]. The Accounting Review, 2014, 89 (1): 331-365.

[81]  GOPALAN R, JAYARAMAN S. Private control benefits and earnings management: Evidence from insider controlled firms [J]. Journal of Accounting Research, 2012, 50 (1): 117-157.

[82]  GORDON L A, WILFORD A L. An analysis of multiple consecutive years of material weaknesses in internal control [J]. The Accounting Review, 2012, 87 (6): 2027-2060.

[83]  GRAHAM J R, RAEDY J S, SHACKELFORD D A. Research in accounting for income taxes [J]. Journal of Accounting & Economics, 2012, 53 (1-2): 412-434.

[84]  GRAMLING A A, MALETTA M J, SCHNEIDER A, et al. The role of the internal audit function in corporate governance: A synthesis of the extant internal auditing literature and directions for future research [J]. Journal of Accounting Literature, 2004, 23194.

［85］ HAM C, SEYBERT N, WANG S. Narcissism is a bad sign: CEO signature size, investment, and performance ［J］. Review of Accounting Studies, 2018, 23 (1): 234-264.

［86］ HAMBRICK D C, MASON P A. Upper echelons: The organization as a reflection of its top managers ［J］. Academy of Management Review, 1984, 9 (2): 193-206.

［87］ HAMMERSLEY J S, MYERS L A, SHAKESPEARE C. Market reactions to the disclosure of internal control weaknesses and to the characteristics of those weaknesses under Section 302 of the Sarbanes Oxley Act of 2002 ［J］. Review of Accounting Studies, 2008, 13 (1): 141-165.

［88］ HANLON M, HEITZMAN S. A review of tax research ［J］. Journal of Accounting & Economics, 2010, 50 (2): 127-178.

［89］ HARP N L, BARNES B G. Internal control weaknesses and acquisition performance ［J］. The Accounting Review, 2018, 93 (1): 235-258.

［90］ HASAN I, HOI C S, WU Q, et al. Does social capital matter in corporate decisions? Evidence from corporate tax avoidance ［J］. Journal of Accounting Research, 2017, 55 (3): 629-668.

［91］ HE J J, TIAN X. The dark side of analyst coverage: The case of innovation ［J］. Journal of Financial Economics, 2013, 109 (3): 856-878.

［92］ HEALY P, SERAFEIM G, SRINIVASAN S, et al. Market competition, earnings management, and persistence in accounting profitability around the world ［J］. Review of Accounting Studies, 2014, 19 (4): 1281-1308.

［93］ HEALY P M. The effect of bonus schemes on accounting decisions ［J］. Journal of Accounting & Economics, 1985, 7 (1-3): 85-107.

［94］ HEALY P M, WAHLEN J M. A review of the earnings management literature and its implications for standard setting ［J］. Accounting Horizons, 1999, 13 (4): 365-383.

［95］ HIGGINS D, OMER T C, PHILLIPS J D. The influence of a firm's business strategy on its tax aggressiveness [J]. Contemporary Accounting Research, 2015, 32 (2): 674-702.

[96]    HOGAN C E, WILKINS M S. Evidence on the audit risk model: Do auditors increase audit fees in the presence of internal control deficiencies? [J]. Contemporary Accounting Research, 2008, 25 (1): 219-242.

[97]    HOI C, WU Q, ZHANG H. Is corporate social responsibility (CSR) associated with tax avoidance? Evidence from irresponsible CSR activities [J]. The Accounting Review, 2013, 88 (6): 2025-2029.

[98]    HOITASH R, HOITASH U, BEDARD J C. Internal control quality and audit pricing under the Sarbanes-Oxley Act [J]. Auditing: A Journal of Practice & Theory, 2008, 27 (1): 105-126.

[99]    HOOPES J L, MESCALL D, PITTMAN J. Do IRS audits deter corporate tax avoidance [J]. The Accounting Review, 2012, 87 (5): 1603-1639.

[100]   HOPE O, MA M, THOMAS W B. Tax avoidance and geographic earnings disclosure [J]. Journal of Accounting & Economics, 2013, 56 (2): 170-189.

[101]   HU C, LIU Y-J. Valuing diversity: CEOs' career experiences and corporate investment [J]. Journal of Corporate Finance, 2015 (30): 11-31.

[102]   IMDIEKE A J, LI C, ZHOU S. Does the presence of an internal control audit affect firm operational efficiency? [J]. Contemporary Accounting Research, 2022.

[103]   JENSEN M C. Agency costs of free cash flow, corporate finance, and takeovers [J]. American Economic Review, 1986, 76 (2): 323-329.

[104]   JENSEN M C, MECKLING W H. Theory of the firm: Managerial behavior, agency costs and ownership structure [J]. Journal of Financial Economics, 1976, 3 (4): 305-360.

[105]   JIANG F, CAI W, WANG X, ZHU B. Multiple large shareholders and corporate investment: Evidence from China [J]. Journal of Corporate

Finance，2018，5066-83.

[106] JONES J J. Earnings management during import relief investigations ［J］. Journal of Accounting Research，1991，29（2）：193-228.

[107] KAPLAN S N，ZINGALES L. Do investment-cash flow sensitivities provide useful measures of financing constraints? ［J］. The Quarterly Journal of Economics，1997，112（1）：169-215.

[108] KEATING A S，ZIMMERMAN J L. Depreciation-policy changes：Tax，earnings management，and investment opportunity incentives ［J］. Journal of Accounting & Economics，1999，28（3）：359-389.

[109] KHAN M，SRINIVASAN S，LIANG T. Institutional ownership and corporate tax avoidance：New evidence ［J］. The Accounting Review，2017，92（2）：101-122.

[110] KHURANA I K，MOSER W J. Institutional shareholders' investment horizons and tax avoidance ［J］. The Journal of the American Taxation Association，2013，35（1）：111-134.

[111] KIM C，ZHANG L. Corporate political connections and tax aggressiveness ［J］. Contemporary Accounting Research，2016，33（1）：78-114.

[112] KIM J，SONG B Y，ZHANG L. Internal control weakness and bank loan contracting：evidence from SOX Section 404 disclosures ［J］. The Accounting Review，2011，86（4）：1157-1188.

[113] KIM J B，KIM J W，LIM J H. Does XBRL adoption constrain earnings management? Early evidence from mandated US filers ［J］. Contemporary Accounting Research，2019，36（4）：2610-2634.

[114] KINNEY JR W R，MCDANIEL L S. Characteristics of firms correcting previously reported quarterly earnings ［J］. Journal of Accounting & Economics，1989，11（1）：71-93.

[115] KLASSEN K J，LISOWSKY P，MESCALL D. The role of auditors，non-auditors，and internal tax departments in corporate tax aggressiveness ［J］.

The Accounting Review, 2016, 91 (1): 179-205.

[116] KRISHNAN J. Audit committee quality and internal control: An empirical analysis [J]. The Accounting Review, 2005, 80 (2): 649-675.

[117] KUBICK T R, LOCKHART G B. Do external labor market incentives motivate CEOs to adopt more aggressive corporate tax reporting preferences? [J]. Journal of Corporate Finance, 2016 (36): 255-277.

[118] KUBICK T R, LYNCH D, MAYBERRY M A, et al. Product market power and tax avoidance: Market leaders, mimicking strategies, and stock returns [J]. The Accounting Review, 2015, 90 (2): 675-702.

[119] KUBICK T R, LYNCH D, MAYBERRY M A, et al. The effects of regulatory scrutiny on tax avoidance: An examination of SEC comment letters [J]. The Accounting Review, 2016, 91 (6): 1751-1780.

[120] LANIS R, RICHARDSON G. The effect of board of director composition on corporate tax aggressiveness [J]. Journal of Accounting and Public Policy, 2011, 30 (1): 50-70.

[121] LARA J M G, OSMA B G, PENALVA F. Accounting conservatism and firm investment efficiency [J]. Journal of Accounting & Economics, 2016, 61 (1): 221-238.

[122] LAUX V, RAY K. Effects of accounting conservatism on investment efficiency and innovation [J]. Journal of Accounting & Economics, 2020, 70 (1): 101-319.

[123] LAW K, MILLS L F. Military experience and corporate tax avoidance [J]. Review of Accounting Studies, 2017, 22 (1): 141-184.

[124] LENNOX C, WU X. Mandatory internal control audits, audit adjustments, and financial reporting quality: Evidence from China [J]. The Accounting Review, 2022, 97 (1).

[125] LIN K Z, MILLS L F, ZHANG F, et al. Do political connections weaken tax enforcement effectiveness [J]. Contemporary Accounting Research,

2018, 35（4）：1941-1972.

［126］ LIN S，PIZZINI M，VARGUS M，BARDHAN I R. The role of the internal audit function in the disclosure of material weaknesses ［J］. The Accounting Review，2011，86（1）：287-323.

［127］ LISOWSKY P. Seeking shelter：Empirically modeling tax shelters using financial statement information ［J］. The Accounting Review，2010，85（5）：1693-1720.

［128］ LU T，SAPRA H. Auditor conservatism and investment efficiency ［J］. The Accounting Review，2009，84（6）：1933-1958.

［129］ MASLI A，PETERS G F，RICHARDSON V J，et al. Examining the potential benefits of internal control monitoring technology ［J］. The Accounting Review，2010，85（3）：1001-1034.

［130］ MCGUIRE S T，OMER T C，WANG D. Tax avoidance：Does tax-specific industry expertise make a difference？［J］. The Accounting Review，2012，87（3）：975-1003.

［131］ MCGUIRE S T，WANG D，WILSON R J. Dual class ownership and tax avoidance ［J］. The Accounting Review，2014，89（4）：1487-1516.

［132］ MCNICHOLS M F，STUBBEN S R. Does earnings management affect firms' investment decisions？［J］. The Accounting Review，2008，83（6）：1571-1603.

［133］ MEI F，CHAN L，MCVAY S E，et al. Does ineffective internal control over financial reporting affect a firm's operations？Evidence from firms' inventory management ［J］. The Accounting Review，2015，90（2）：529-557.

［134］ MODIGLIANI F，MILLER M H. The cost of capital，corporation finance and the theory of investment ［J］. The American Economic Review，1958，48（3）：261-297.

［135］ MUNSIF V，RAGHUNANDAN K，RAMA D V. Internal control reporting and audit report lags：Further evidence ［J］. Auditing：A Journal of

Practice & Theory, 2012, 31 (3): 203-218.

[136] MYERS S C, MAJLUF N S. Corporate financing and investment decisions when firms have information that investors do not have [J]. Journal of Financial Economics, 1984, 13 (2): 187-221.

[137] NARAYANAN M P. Managerial incentives for short-term results [J]. The Journal of Finance, 1985, 40 (5): 1469-1484.

[138] NISSIM D, PENMAN S H. Ratio analysis and equity valuation: From research to practice [J]. Review of Accounting Studies, 2001, 6 (1): 109-154.

[139] OGNEVA M, SUBRAMANYAM K R, RAGHUNANDAN K. Internal control weakness and cost of equity: Evidence from SOX Section 404 disclosures [J]. The Accounting Review, 2007, 82 (5): 1255-1297.

[140] OLSEN K J, STEKELBERG J. CEO narcissism and corporate tax sheltering [J]. The Journal of the American Taxation Association, 2016, 38 (1): 1-22.

[141] PETRONI K R. Optimistic reporting in the property-casualty insurance industry [J]. Journal of Accounting & Economics, 1992, 15 (4): 485-508.

[142] PHILLIPS J D. Corporate tax-planning effectiveness: The role of compensation-based incentives [J]. The Accounting Review, 2003, 78 (3): 847-874.

[143] RAGHUNANDAN K, RAMA D V. SOX Section 404 material weakness disclosures and audit fees [J]. Auditing: A Journal of Practice & Theory, 2006, 25 (1): 99-114.

[144] RAJKOVIC T. Lead independent directors and investment efficiency [J]. Journal of Corporate Finance, 2020 (64): 101-690.

[145] REGO S O. Tax-avoidance activities of US multinational corporations [J]. Contemporary Accounting Research, 2003, 20 (4): 805-833.

[146] REGO S O, WILSON R J. Equity risk incentives and corporate tax aggressiveness [J]. Journal of Accounting Research, 2012, 50 (3): 775-810.

[147] RICE S C, WEBER D P. How effective is internal control reporting under SOX 404? Determinants of the (non-) disclosure of existing material weaknesses [J]. Journal of Accounting Research, 2012, 50 (3): 811-843.

[148] RICHARDSON G, TAYLOR G, LANIS R. The impact of board of director oversight characteristics on corporate tax aggressiveness: An empirical analysis [J]. Journal of Accounting and Public Policy, 2013, 32 (3): 68-88.

[149] RICHARDSON S. Over-investment of free cash flow [J]. Review of Accounting Studies, 2006, 11 (2-3): 159-189.

[150] ROYCHOWDHURY S. Earnings management through real activities manipulation [J]. Journal of Accounting & Economics, 2006, 42 (3): 335-370.

[151] ROYCHOWDHURY S, SHROFF N, VERDI R S. The effects of financial reporting and disclosure on corporate investment: A review [J]. Journal of Accounting & Economics, 2019, 68 (2): 101-246.

[152] SCOTT ASAY H. Horizon-induced optimism as a gateway to earnings management [J]. Contemporary Accounting Research, 2018, 35 (1): 7-30.

[153] SCOTT W R. Financial Accounting Theory [C].NJ: Prentice Hall Upper Saddle River, 1997.

[154] SHROFF N, VERDI R S, YU G G. Information environment and the investment decisions of multinational corporations [J]. The Accounting Review, 2014, 89 (2): 759-790.

[155] SIMMONS R S. Does recent empirical evidence support the existence of international corporate tax competition? [J]. Journal of International

Accounting, Auditing & Taxation, 2006, 15 (1): 16-31.

[156] SKAIFE H A, VEENMAN D, WANGERIN D. Internal control over financial reporting and managerial rent extraction: Evidence from the profitability of insider trading [J]. Journal of Accounting & Economics, 2013, 55 (1): 91-110.

[157] SRINIDHI B N, GUL F A. The differential effects of auditors' nonaudit and audit fees on accrual quality [J]. Contemporary Accounting Research, 2007, 24 (2): 595-629.

[158] STULZ R. Managerial discretion and optimal financing policies [J]. Journal of Financial Economics, 1990, 26 (1): 3-27.

[159] TANG T, MO P L L, CHAN K H. Tax collector or tax avoider? An investigation of intergovernmental agency conflicts [J]. The Accounting Review, 2017, 92 (2): 247-270.

[160] TO T Y, NAVONE M, WU E. Analyst coverage and the quality of corporate investment decisions [J]. Journal of Corporate Finance, 2018 (51): 164-181.

[161] VAN DE POEL K, VANSTRAELEN A. Management reporting on internal control and accruals quality: Insights from a "comply-or-explain" internal control regime [J]. Auditing: A Journal of Practice & Theory, 2011, 30 (3): 181-209.

[162] WATKINS A L, HILLISON W, MORECROFT S E. Audit quality: A synthesis of theory and empirical evidence [J]. Journal of Accounting Literature, 2004 (23): 153-193.

[163] WEN X. Voluntary disclosure and investment [J]. Contemporary Accounting Research, 2013, 30 (2): 677-696.

[164] WILSON R J. An examination of corporate tax shelter participants [J]. The Accounting Review, 2009, 84 (3): 969-999.

[165] 白俊, 连立帅. 国企过度投资溯因: 政府干预抑或管理层自利? [J]. 会

计研究，2014（2）：41-48.

[166] 白默，李海英. 企业内部控制质量对上市公司经营绩效影响研究——基于制造业上市公司的实证研究［J］. 管理世界，2017（9）：176-177.

[167] 蔡宏标，饶品贵. 机构投资者、税收征管与企业避税［J］. 会计研究，2015（10）：59-65.

[168] 蔡利，唐嘉尉，蔡春. 公允价值计量、盈余管理与审计师应对策略［J］. 会计研究，2018（11）：85-91.

[169] 蔡宁，何星. 社会网络能够促进风险投资的"增值"作用吗？——基于风险投资网络与上市公司投资效率的研究［J］. 金融研究，2015（12）：178-193.

[170] 曹春方. 政治权力转移与公司投资：中国的逻辑［J］. 管理世界，2013（1）：143-155.

[171] 曹春方，林雁. 异地独董、履职职能与公司过度投资［J］. 南开管理评论，2017（1）：16-29；131.

[172] 曹越，陈文瑞，鲁昱. 环境规制会影响公司的税负吗？［J］. 经济管理，2017（7）：163-182.

[173] 曾建光，伍利娜，王立彦. 中国式拆迁、投资者保护诉求与应计盈余质量——基于制度经济学与Internet治理的证据［J］. 经济研究，2013（7）：90-103.

[174] 曾姝，李青原. 税收激进行为的外溢效应——来自共同审计师的证据［J］. 会计研究，2016（6）：70-76.

[175] 曾伟强，李延喜，张婷婷，等. 行业竞争是外部治理机制还是外部诱导因素——基于中国上市公司盈余管理的经验证据［J］. 南开管理评论，2016（4）：75-86.

[176] 陈大鹏，施新政，陆瑶，李卓. 员工持股计划与财务信息质量［J］. 南开管理评论，2019（1）：166-180.

[177] 陈德球，陈运森. 政策不确定性与上市公司盈余管理［J］. 经济研究，2018（6）：97-111.

[178] 陈德球，陈运森，董志勇. 政策不确定性、税收征管强度与企业税收规避 [J]. 管理世界，2016 (5): 151-163.

[179] 陈德球，李思飞. 政府治理、产权偏好与资本投资 [J]. 南开管理评论，2012 (1): 43-53.

[180] 陈冬，唐建新. 高管薪酬、避税寻租与会计信息披露 [J]. 经济管理，2012 (5): 114-122.

[181] 陈国辉，关旭，王军法. 企业社会责任能抑制盈余管理吗？——基于应规披露与自愿披露的经验研究 [J]. 会计研究，2018 (3): 19-26.

[182] 陈汉文，廖方楠，韩洪灵. 独立董事联结与内部控制对盈余管理的治理效应 [J]. 经济管理，2019 (5): 171-191.

[183] 陈汉文，王韦程. 谁决定了内部控制质量：董事长还是审计委员会？ [J]. 经济管理，2014 (10): 97-107.

[184] 陈红，纳超洪，雨田木子，等. 内部控制与研发补贴绩效研究 [J]. 管理世界，2018 (12): 149-164.

[185] 陈俊，张传明. 操控性披露变更、信息环境与盈余管理 [J]. 管理世界，2010 (8): 181-183.

[186] 陈骏，徐捍军. 企业寻租如何影响盈余管理 [J]. 中国工业经济，2019 (12): 171-188.

[187] 陈骏，徐玉德. 内部控制与企业避税行为 [J]. 审计研究，2015 (3): 100-107.

[188] 陈克兢. 媒体监督、法治水平与上市公司盈余管理 [J]. 管理评论，2017 (7): 3-18.

[189] 陈强. 高级计量经济学及 Stata 应用 [M]. 北京：高等教育出版社，2010.

[190] 陈宋生，童晓晓. 双重监管、XBRL 实施与公司治理效应 [J]. 南开管理评论，2017 (6): 50-63.

[191] 陈效东，周嘉南，黄登仕. 高管人员股权激励与公司非效率投资：抑制或者加剧？ [J]. 会计研究，2016 (7): 42-49.

[192] 陈运森. 社会网络与企业效率：基于结构洞位置的证据 [J]. 会计研究，2015（1）：48-55.

[193] 陈运森，谢德仁. 网络位置、独立董事治理与投资效率 [J]. 管理世界，2011（7）：113-127.

[194] 陈作华，方红星. 融资约束、内部控制与企业避税 [J]. 管理科学，2018（3）：125-139.

[195] 陈作华，方红星. 内部控制能扎紧董监高的机会主义减持篱笆吗 [J]. 会计研究，2019（7）：82-89.

[196] 程书强. 机构投资者持股与上市公司会计盈余信息关系实证研究 [J]. 管理世界，2006（9）：129-136.

[197] 程新生，谭有超，刘建梅. 非财务信息、外部融资与投资效率——基于外部制度约束的研究 [J]. 管理世界，2012（7）：137-150.

[198] 程仲鸣，夏新平，余明桂. 政府干预、金字塔结构与地方国有上市公司投资 [J]. 管理世界，2008（9）：37-47.

[199] 池国华，郭芮佳，王会金. 政府审计能促进内部控制制度的完善吗——基于中央企业控股上市公司的实证分析 [J]. 南开管理评论，2019（1）：31-41.

[200] 池国华，杨金，郭菁品. 内部控制、EVA考核对非效率投资的综合治理效应研究——来自国有控股上市公司的经验证据 [J]. 会计研究，2016（10）：63-69.

[201] 池国华，杨金，邹威. 高管背景特征对内部控制质量的影响研究——来自中国A股上市公司的经验证据 [J]. 会计研究，2014（11）：67-74.

[202] 崔云，唐雪松. 审计师法律责任风险关注度与真实盈余管理行为 [J]. 审计研究，2015（6）：60-69.

[203] 代彬，彭程，刘星. 高管控制权、审计监督与激进避税行为 [J]. 经济管理，2016（3）：67-79.

[204] 单华军. 内部控制、公司违规与监管绩效改进——来自2007—2008年深市上市公司的经验证据 [J]. 中国工业经济，2010（11）：140-148.

[205] 邓建平，曾勇. 政治关联能改善民营企业的经营绩效吗 [J]. 中国工业经济，2009（2）：98-108.

[206] 窦欢，张会丽，陆正飞. 企业集团、大股东监督与过度投资 [J]. 管理世界，2014（7）：134-143.

[207] 杜兴强，赖少娟，裴红梅. 女性高管总能抑制盈余管理吗？——基于中国资本市场的经验证据 [J]. 会计研究，2017（1）：39-45.

[208] 杜勇，张欢，陈建英. CEO海外经历与企业盈余管理 [J]. 会计研究，2018（2）：27-33.

[209] 范经华，张雅曼，刘启亮. 内部控制、审计师行业专长、应计与真实盈余管理 [J]. 会计研究，2013（4）：81-88.

[210] 范子英，田彬彬. 税收竞争、税收执法与企业避税 [J]. 经济研究，2013（9）：99-111.

[211] 范子英，赵仁杰. 财政职权、征税努力与企业税负 [J]. 经济研究，2020（4）：101-117.

[212] 方红星. 内部控制信息披露：影响因素与经济后果 [M]. 大连：东北财经大学出版社，2012.

[213] 方红星，楚有为. 自愿披露、强制披露与资本市场定价效率 [J]. 经济管理，2019（1）：156-173.

[214] 方红星，金玉娜. 高质量内部控制能抑制盈余管理吗？——基于自愿性内部控制鉴证报告的经验研究 [J]. 会计研究，2011（8）：53-60.

[215] 方红星，金玉娜. 公司治理、内部控制与非效率投资：理论分析与经验证据 [J]. 会计研究，2013（7）：63-69.

[216] 龚启辉，吴联生，王亚平. 两类盈余管理之间的部分替代 [J]. 经济研究，2015（6）：175-188.

[217] 郝颖，辛清泉，刘星. 地区差异、企业投资与经济增长质量 [J]. 经济研究，2014（3）：101-114.

[218] 何威风. 高管团队垂直对特征与企业盈余管理行为研究 [J]. 南开管理评论，2015（1）：141-151.

[219] 何威风, 陈莉萍, 刘巍. 业绩考核制度会影响企业盈余管理行为吗 [J]. 南开管理评论, 2019 (1): 17-30.

[220] 贺小刚, 张远飞, 连燕玲. 高管离任前的盈余管理: 公司治理机制能起到作用吗? [J]. 经济管理, 2012 (11): 113-124.

[221] 胡明霞, 干胜道. 生命周期效应、CEO权力与内部控制质量——基于家族上市公司的经验证据 [J]. 会计研究, 2018 (3): 64-70.

[222] 胡诗阳, 陆正飞. 非执行董事对过度投资的抑制作用研究——来自中国A股上市公司的经验证据 [J]. 会计研究, 2015 (11): 41-48.

[223] 胡奕明, 唐松莲. 独立董事与上市公司盈余信息质量 [J]. 管理世界, 2008 (9): 149-160.

[224] 黄海杰, 吕长江, LEE E. "四万亿投资"政策对企业投资效率的影响 [J]. 会计研究, 2016 (2): 51-57.

[225] 黄梅, 夏新平. 操纵性应计利润模型检测盈余管理能力的实证分析 [J]. 南开管理评论, 2009 (5): 136-143.

[226] 江新峰, 张敦力, 李欢. "忙碌"独董与企业违规 [J]. 会计研究, 2020 (9): 85-104.

[227] 江轩宇. 税收征管、税收激进与股价崩盘风险 [J]. 南开管理评论, 2013 (5): 152-160.

[228] 金鑫, 雷光勇. 审计监督、最终控制人性质与税收激进度 [J]. 审计研究, 2011 (5): 98-106.

[229] 雷光勇, 刘慧龙. 控股股东性质、利益输送与盈余管理幅度——来自中国A股公司首次亏损年度的经验证据 [J]. 中国工业经济, 2007 (8): 90-97.

[230] 雷新途, 汪宏华. 政府反腐风暴提高企业盈余质量了吗——来自中国上市公司的证据 [J]. 会计研究, 2019 (12): 40-45.

[231] 雷英, 吴建友, 孙红. 内部控制审计对会计盈余质量的影响——基于沪市A股上市公司的实证分析 [J]. 会计研究, 2013 (11): 75-81.

[232] 李成, 吴育辉, 胡文骏. 董事会内部联结、税收规避与企业价值 [J]. 会计研究, 2016 (7): 50-57.

[233] 李春涛，闫续文，宋敏，等. 金融科技与企业创新——新三板上市公司的证据 [J]. 中国工业经济，2020 (1)：81-98.

[234] 李昊洋，程小可，姚立杰. 机构投资者调研抑制了公司避税行为吗？——基于信息披露水平中介效应的分析 [J]. 会计研究，2018 (9)：56-63.

[235] 李慧云，刘镝. 市场化进程、自愿性信息披露和权益资本成本 [J]. 会计研究，2016 (1)：71-78.

[236] 李世辉，杨丽，曾辉祥. 内部审计经理监察能力与企业违规——来自我国中小板上市企业的经验证据 [J]. 会计研究，2019 (8)：79-87.

[237] 李万福，陈晖丽. 内部控制与公司实际税负 [J]. 金融研究，2012 (9)：195-206.

[238] 李万福，林斌，宋璐. 内部控制在公司投资中的角色：效率促进还是抑制？[J]. 管理世界，2011 (2)：81-99；188.

[239] 李维安，徐业坤. 政治身份的避税效应 [J]. 金融研究，2013 (3)：114-129.

[240] 李延喜，包世泽，高锐，等. 薪酬激励、董事会监管与上市公司盈余管理 [J]. 南开管理评论，2007 (6)：55-61.

[241] 李英，周宇华，窦笑晨. 我国内部控制规范的颁布抑制了认知性盈余管理吗？[J]. 审计研究，2016 (5)：82-88.

[242] 李越冬，严青. 机构持股、终极产权与内部控制缺陷 [J]. 会计研究，2017 (5)：83-89.

[243] 李增福，董志强，连玉君. 应计项目盈余管理还是真实活动盈余管理？——基于我国2007年所得税改革的研究 [J]. 管理世界，2011 (1)：121-134.

[244] 李增福，周婷. 规模、控制人性质与盈余管理 [J]. 南开管理评论，2013 (6)：81-94.

[245] 林斌，饶静. 上市公司为什么自愿披露内部控制鉴证报告？——基于信号传递理论的实证研究 [J]. 会计研究，2009 (2)：45-52.

[246] 林钟高，丁茂桓. 内部控制缺陷及其修复对企业债务融资成本的影响——基于内部控制监管制度变迁视角的实证研究 [J]. 会计研究，2017（4）：73-80.

[247] 刘放，杨筝，杨曦. 制度环境、税收激励与企业创新投入 [J]. 管理评论，2016（2）：61-73.

[248] 刘海明，曹廷求. 宏观经济不确定性、政府干预与信贷资源配置 [J]. 经济管理，2015（6）：1-11.

[249] 刘慧，张俊瑞. 政府干预，内部控制与公司未决诉讼 [J]. 管理评论，2018（10）：207-220.

[250] 刘慧龙，吴联生. 制度环境、所有权性质与企业实际税率 [J]. 管理世界，2014（4）：42-52.

[251] 刘明辉. 内部控制鉴证：争论与选择 [J]. 会计研究，2010（9）：43-50.

[252] 刘启亮，罗乐，何威风，等. 产权性质、制度环境与内部控制 [J]. 会计研究，2012（3）：52-61.

[253] 刘启亮，罗乐，张雅曼，等. 高管集权、内部控制与会计信息质量 [J]. 南开管理评论，2013（1）：15-23.

[254] 刘伟，刘星. 审计师变更、盈余操纵与审计师独立性——来自中国A股上市公司的经验证据 [J]. 管理世界，2007（9）：129-135.

[255] 刘笑霞，李明辉. 媒体负面报道、分析师跟踪与税收激进度 [J]. 会计研究，2018（9）：64-71.

[256] 刘艳霞，祁怀锦. 管理者自信会影响投资效率吗——兼论融资融券制度的公司外部治理效应 [J]. 会计研究，2019（4）：43-49.

[257] 刘焱，姚海鑫. 高管权力、审计委员会专业性与内部控制缺陷 [J]. 南开管理评论，2014（2）：4-12.

[258] 刘运国，郑巧，蔡贵龙. 非国有股东提高了国有企业的内部控制质量吗？——来自国有上市公司的经验证据 [J]. 会计研究，2016（11）：61-68.

[259] 柳建华，卢锐，孙亮. 公司章程中董事会对外投资权限的设置与企业投资效率——基于公司章程自治的视角 [J]. 管理世界，2015（7）：130-142.

[260] 柳木华，雷霄. 审计师利用专家工作抑制盈余管理了吗？——基于关键审计事项披露的经验证据 [J]. 审计研究，2020（1）：78-86.

[261] 卢洪友，张楠. 地方政府换届、税收征管与税收激进 [J]. 经济管理，2016（2）：160-168.

[262] 陆瑶，施新政，刘璐瑶. 劳动力保护与盈余管理——基于最低工资政策变动的实证分析 [J]. 管理世界，2017（3）：146-158.

[263] 逯东，王运陈，付鹏. CEO激励提高了内部控制有效性吗？——来自国有上市公司的经验证据 [J]. 会计研究，2014（6）：66-72.

[264] 罗宏，曾永良，宛玲羽. 薪酬攀比、盈余管理与高管薪酬操纵 [J]. 南开管理评论，2016（2）：19-31；74.

[265] 罗正英，詹乾隆，段姝. 内部控制质量与企业高管薪酬契约 [J]. 中国软科学，2016（2）：169-178.

[266] 毛洪涛，沈鹏. 我国上市公司CFO薪酬与盈余质量的相关性研究 [J]. 南开管理评论，2009（5）：82-93.

[267] 毛新述，孟杰. 内部控制与诉讼风险 [J]. 管理世界，2013（11）：155-165.

[268] 聂萍，潘再珍，肖红英. 问询函监管能改善公司的内部控制质量吗？——来自沪深交易所年报问询的证据 [J]. 会计研究，2020（12）：153-170.

[269] 尚兆燕，扈唤. 独立董事主动辞职、内部控制重大缺陷及非标审计意见——来自中国上市公司的经验证据 [J]. 审计研究，2016（1）：94-100.

[270] 舒惠好. 关于新时代注册会计师行业职能问题的思考 [J]. 会计研究，2021（1）：145-154.

[271] 苏冬蔚，林大庞. 股权激励、盈余管理与公司治理 [J]. 经济研究，

2010（11）：88-100.

[272] 孙光国，刘爽，赵健宇. 大股东控制、机构投资者持股与盈余管理 [J].
南开管理评论，2015（5）：75-84.

[273] 孙光国，杨金凤. 财务报告质量评价研究：文献回顾、述评与未来展望
[J]. 会计研究，2012（3）：31-38.

[274] 孙健，王百强，曹丰，等. 公司战略影响盈余管理吗？[J]. 管理世界，
2016（3）：160-169.

[275] 汤晓建，张俊生. 自愿性披露内部控制审计费用能够提高内部控制审计
独立性吗？[J]. 审计研究，2017（3）：90-96.

[276] 田高良，齐保垒，李留闯. 基于财务报告的内部控制缺陷披露影响因素
研究 [J]. 南开管理评论，2010（4）：134-141.

[277] 田高良，司毅，韩洁，等. 媒体关注与税收激进——基于公司治理视角
的考察 [J]. 管理科学，2016（2）：104-121.

[278] 田利辉，张伟. 政治关联影响我国上市公司长期绩效的三大效应 [J].
经济研究，2013（11）：71-86.

[279] 汪玉兰，易朝辉. 投资组合的权重重要吗？——基于机构投资者对盈余
管理治理效应的实证研究 [J]. 会计研究，2017（5）：53-59.

[280] 王兵，鲍圣婴，阚京华. 国家审计能抑制国有企业过度投资吗？[J]. 会
计研究，2017（9）：83-89.

[281] 王兵，吕梦，汪振坤. 审计总监兼任监事、专业能力差异与企业投资效
率 [J]. 会计研究，2018（9）：88-94.

[282] 王丹，李丹，李欢. 客户集中度与企业投资效率 [J]. 会计研究，2020
（1）：110-125.

[283] 王帆，张龙平. 审计师声誉研究：述评与展望 [J]. 会计研究，2012
（11）：74-78.

[284] 王嘉鑫. 强制性内部控制审计、企业创新与经济增长 [J]. 会计研究，
2020（5）：166-177.

[285] 王嘉鑫，王永海. 强制性内部控制制度影响真实盈余管理吗？——基于中

国上市公司的准自然实验研究［J］. 证券市场导报，2019（9）：20-30.

［286］ 王克敏，廉鹏. 保荐制度改善首发上市公司盈余质量了吗？［J］. 管理世界，2010（8）：21-34.

［287］ 王克敏，刘博. 公开增发业绩门槛与盈余管理［J］. 管理世界，2012（8）：30-42.

［288］ 王克敏，刘静，李晓溪. 产业政策、政府支持与公司投资效率研究［J］. 管理世界，2017（3）：113-124.

［289］ 王亮亮. 金融危机冲击、融资约束与公司避税［J］. 南开管理评论，2016（1）：155-168.

［290］ 王小鲁，樊纲，胡李鹏. 中国分省份市场化指数报告（2018）［M］. 北京：社会科学文献出版社，2019.

［291］ 王义中，宋敏. 宏观经济不确定性、资金需求与公司投资［J］. 经济研究，2014（2）：4-17.

［292］ 王永海，王嘉鑫. 中国版SOX404的"审计费用之谜"与影响机制——一个准自然实验［J］. 经济管理，2017（11）：149-168.

［293］ 王永培，晏维龙. 产业集聚的避税效应——来自中国制造业企业的经验证据［J］. 中国工业经济，2014（12）：57-69.

［294］ 魏志华，曾爱民，李博. 金融生态环境与企业融资约束——基于中国上市公司的实证研究［J］. 会计研究，2014（5）：73-80.

［295］ 温日光，汪剑锋. 上市公司会因行业竞争压力上调公司盈余吗［J］. 南开管理评论，2018（1）：182-190.

［296］ 吴益兵. 内部控制审计信号的有效性及定价效应［J］. 经济管理，2012（8）：138-143.

［297］ 吴战篪，李晓龙. 内部人抛售、信息环境与股价崩盘［J］. 会计研究，2015（6）：48-55.

［298］ 向锐，宋聪敏. 学者型独董与公司盈余质量——基于中国上市公司的经验数据［J］. 会计研究，2019（7）：27-34.

［299］ 肖太寿. 试析避税的实质违法性［J］. 税务研究，2012（9）：61-63.

［300］ 谢德仁，崔宸瑜，汤晓燕. 业绩型股权激励下的业绩达标动机和真实盈余管理［J］. 南开管理评论，2018（1）：159-171.

［301］ 谢德仁，廖珂. 控股股东股权质押与上市公司真实盈余管理［J］. 会计研究，2018（8）：21-27.

［302］ 谢凡，曹健，陈莹，等. 内部控制缺陷披露的经济后果分析——基于上市公司内部控制强制实施的视角［J］. 会计研究，2016（9）：62-67.

［303］ 许文静，苏立，吕鹏，等. 退市制度变革对上市公司盈余管理行为影响［J］. 会计研究，2018（6）：32-38.

［304］ 闫丽娟，何玉润，张嘉硕. 强制性分红：压力下移与盈余管理——基于央企控股上市公司的经验证据［J］. 会计研究，2020（2）：60-73.

［305］ 杨德明，史亚雅. 内部控制质量会影响企业战略行为么？——基于互联网商业模式视角的研究［J］. 会计研究，2018（2）：69-75.

［306］ 杨慧辉，赵媛，潘飞. 股权分置改革后上市公司股权激励的有效性——基于盈余管理的视角［J］. 经济管理，2012（8）：65-75.

［307］ 杨清香，俞麟，宋丽. 内部控制信息披露与市场反应研究——来自中国沪市上市公司的经验证据［J］. 南开管理评论，2012（1）：123-130.

［308］ 姚立杰，陈雪颖，周颖，等. 管理层能力与投资效率［J］. 会计研究，2020（4）：100-118.

［309］ 叶康涛，董雪雁，崔倚菁. 企业战略定位与会计盈余管理行为选择［J］. 会计研究，2015（10）：23-29.

［310］ 叶康涛，张然，徐浩萍. 声誉、制度环境与债务融资——基于中国民营上市公司的证据［J］. 金融研究，2010（8）：171-183.

［311］ 叶青，李增泉，李光青. 富豪榜会影响企业会计信息质量吗？——基于政治成本视角的考察［J］. 管理世界，2012（1）：104-120.

［312］ 于忠泊，田高良，齐保垒，等. 媒体关注的公司治理机制——基于盈余管理视角的考察［J］. 管理世界，2011（9）：127-140.

［313］ 袁知柱，宝乌云塔娜，王书光. 股权价值高估、投资者保护与企业应计及真实盈余管理行为选择［J］. 南开管理评论，2014（5）：136-150.

[314] 张超，刘星. 内部控制缺陷信息披露与企业投资效率——基于中国上市公司的经验研究 [J]. 南开管理评论，2015（5）：136-150.

[315] 张传财，陈汉文. 产品市场竞争、产权性质与内部控制质量 [J]. 会计研究，2017（5）：75-82.

[316] 张芳芳，陈习定. 分析师覆盖与真实活动操控——来自中国上市公司的证据 [J]. 经济管理，2015（9）：92-102.

[317] 张峰，战相岑，殷西乐，等. 进口竞争、服务型制造与企业绩效 [J]. 中国工业经济，2021（5）：133-151.

[318] 张国清. 自愿性内部控制审计的经济后果：基于审计延迟的经验研究 [J]. 经济管理，2010（6）：105-112.

[319] 张国清，马威伟. 强制性、自愿性财务报告内部控制审计提高了公司内部控制质量吗？[J]. 会计研究，2020（7）：131-143.

[320] 张国清，夏立军. 自愿性内部控制审计是否增加了企业的审计负担？[J]. 经济管理，2013（5）：96-107.

[321] 张继勋，周冉，孙鹏. 内部控制披露、审计意见、投资者的风险感知和投资决策：一项实验证据 [J]. 会计研究，2011（9）：66-73.

[322] 张建勇，葛少静，赵经纬. 媒体报道与投资效率 [J]. 会计研究，2014（10）：59-65.

[323] 张克中，欧阳洁，李文健. 缘何"减税难降负"：信息技术、征税能力与企业逃税 [J]. 经济研究，2020（3）：116-132.

[324] 张立民，邢春玉，李琰. 持续经营审计意见、管理层自信与投资效率 [J]. 审计研究，2017（1）：52-58.

[325] 张敏，刘耀淞，王欣，等. 企业与税务局为邻：便利避税还是便利征税？[J]. 管理世界，2018（5）：150-164.

[326] 张鸣，田野，陈全. 制度环境、审计供求与审计治理——基于我国证券市场中审计师变更问题的实证分析 [J]. 会计研究，2012（5）：77-85.

[327] 张胜，魏汉泽，李常安. 实际控制人居留权特征与企业税收规避——基于我国民营上市公司的经验证据 [J]. 会计研究，2016（4）：77-84.

[328] 张旺峰, 张兆国, 杨清香. 内部控制与审计定价研究——基于中国上市公司的经验证据 [J]. 审计研究, 2011 (5): 65-72.

[329] 张茵, 刘明辉, 彭红星. 社会信任与公司避税 [J]. 会计研究, 2017 (9): 48-54.

[330] 张颖, 郑洪涛. 我国企业内部控制有效性及其影响因素的调查与分析 [J]. 审计研究, 2010 (1): 75-81.

[331] 赵纯祥, 张敦力, 杨快, 等. 税收征管经历独董能降低企业税负吗? [J]. 会计研究, 2019 (11): 70-77.

[332] 赵莉, 张玲. 媒体关注对企业绿色技术创新的影响: 市场化水平的调节作用 [J]. 管理评论, 2020 (9): 132-141.

[333] 赵息, 张西栓. 内部控制、高管权力与并购绩效——来自中国证券市场的经验证据 [J]. 南开管理评论, 2013 (2): 75-81.

[334] 赵渊贤, 吴伟荣. 企业外部规制影响内部控制有效性研究——来自中国上市公司的经验证据 [J]. 中国软科学, 2014 (4): 126-137.

[335] 钟凯, 程小可, 姚立杰. 内部控制信息披露与控股股东掏空——中国版"萨班斯"法案的实施效果 [J]. 中国软科学, 2014 (9): 103-116.

[336] 钟凯, 吕洁, 程小可. 内部控制建设与企业创新投资: 促进还是抑制? ——中国"萨班斯"法案的经济后果 [J]. 证券市场导报, 2016 (9): 30-38.

[337] 周军, 郝玲玲, 杨茗. 独立董事交通便利性与盈余质量——异地会计专业独董的视角 [J]. 会计研究, 2019 (6): 65-71.

[338] 周美华, 林斌, 林东杰. 管理层权力、内部控制与腐败治理 [J]. 会计研究, 2016 (3): 56-63.

[339] 周中胜, 罗正英, 周秀园, 等. 内部控制、企业投资与公司期权价值 [J]. 会计研究, 2017 (12): 38-44.

[340] 邹萍. "言行一致"还是"投桃报李"? ——企业社会责任信息披露与实际税负 [J]. 经济管理, 2018 (3): 159-177.

# 索引

内部控制—2-8，14-23，25-37，39，41，44，45，48，52，53，55，57-73，75，77-79，81，91，114，115，117，118，121，124，125，127，129，130，133，171-175，177，178，207，208，216-221

内部控制审计—2-7，14-23，35-37，52，53，55，57，58，63-82，84-86，88，91-96，98，100，102-104，106，107，109，111，113-118，120-133，135-138，141-144，146-148，150，152，154，156，158，159，161，163，164，166-178，180-183，186-189，191-193，195-200，202，204，206，207-213，216-221

治理效应—4-6，8，14-17，19-23，35，39，42，57，63，65，66，68-73，75，78，79，100，107，115，124，127，129-131，150，156，168，172，174，176，197，202，208，209，212-214，216-218，220，221

非效率投资—5，6，9，10，14-23，30，31，37-42，52，53，66，68-70，73-82，84-86，88，89，91-96，98，100-102，104，105，107，109，114，117，118，120-125，216-218，220

盈余管理—4-6，10，11，13-22，30-32，36，43-47，52，53，67，69-71，73，126-138，141-144，146，148，150，152，154，156，158，159，163，164，166-169，216-220

避税行为—5，6，14-16，18-22，47-53，67，69，71-73，170-175，182，183，189，191，195，213，214，216，220